Existenzgründung

Schritt für Schritt

Benjamin Michels

Impressum und Copyright

Existenzgründung – Schritt für Schritt

Autor: Benjamin Michels
Lektorat: Elke Schindler
Cover/Umschlag: Tania Michels
Zeichnung Cover/Umschlag: Melissa Akyildiz

2. aktualisierte Neuauflage

Self Publishing
(kontakt@benjamin-michels.de)

ISBN-10: 149957875X
ISBN-13: 978-1499578751

Danke!

... dass Sie dieses Buch gekauft haben. Sich mit der eigenen Existenzgründung zu beschäftigen ist ein Unterfangen, das viel Hartnäckigkeit und Mut erfordert. Noch schwieriger ist es, dabei immer auf dem richtigen Weg zu bleiben. Ich hoffe, dass Sie mit diesem Buch eine Anleitung in der Hand halten, die Ihnen dabei hilft, nicht von Ihrem Weg abzukommen.

Zu Ihrer Unterstützung finden Sie auf meiner Internetseite eine Reihe von kostenlosen Trainings sowie unterschiedliche kostenlose Online Kurse, die Sie bei Ihrem Vorhaben unterstützen sollen.

Und nachdem Sie dann mit dem Buch hoffentlich erfolgreich gearbeitet haben: Besuchen Sie die Feedbackseite zu diesem Buch, schreiben Sie eine Amazon Rezension, oder schreiben Sie mir Ihr Feedback direkt per E-Mail. Ich freue mich, von Ihnen zu hören!

Benjamin Michels

Inhaltsverzeichnis

Widmung

Dieses Buch widme ich all jenen Menschen, die mich in den vielen Jahren meiner Selbstständigkeit immer wieder unterstützt haben. Ganz gleich, ob es die Umzüge und das Schleppen von Kartons waren, die Events, die guten Ratschläge, die aufbauenden Sprüche oder das Engagement bei der Mitarbeit. Ein besonderer Dank geht hierbei an meine Frau Tania, an Stephan, an Andreas, an Christoph, an Henrik, an Sophia, an Tina, an Consti, an Svenja und an Arne. Danke, ohne euch hätte ich viele meiner großen Ziele wohl kaum erreicht!

Disclaimer

Sie werden in diesem Buch Verlinkungen zu anderen Webseiten finden, auch bekannt als externe Links. Zum Zeitpunkt der Einbindung waren keine Rechtsverstöße bei den externen Links ersichtlich. Die verlinkten Webseiten unterliegen der Haftung der jeweiligen Seitenbetreiber. Weder auf die aktuelle, noch auf die zukünftige Gestaltung der Seiten hat der Autor einen Einfluss. Leider ist eine dauerhafte Prüfung der externen Links ohne Hinweis auf Rechtsverstöße für den Autor weder zumutbar noch möglich. Bei Bekanntwerden von Rechtsverstößen werden die betroffenen externen Links unverzüglich gelöscht – was aufgrund des Formats leider nur zukünftige Auflagen betrifft.

Über den Autor

Benjamin Michels ist stellvertretender Direktor am Institut für Qualität im Management an der Berufsakademie für Gesundheits- und Sozialwesen im Saarland, mit dem Schwerpunkt Weiterbildung und Entrepreneurship. Mit 15 Jahren hat er sein erstes von mittlerweile vier Unternehmen gegründet. Zwei seiner Unternehmen konnte er erfolgreich verkaufen. Als Coach betreut er andere Gründer. Zusätzlich arbeitet er als freier Dozent, Trainer und Projektmanager. Sein Fokus als Dozent liegt auf den Bereichen Personalführung, Projektmanagement und Entrepreneurship.

Gerade als KfW-geförderter Gründungscoach ist er immer wieder mit den praktischen Themen der Existenzgründung konfrontiert. Durch seine eigenen Unternehmen verfügt er über umfassende Erfahrungen in den Bereichen Businessplan, Marketing, Prozessmanagement, internationaler Handel, E-Commerce, Start-up-Phase und Kalkulation.

Benjamin Michels ist ausgebildeter Bürokaufmann, hat einen MBA (Univ.) und ist ausgebildeter Dozent für Erwachsenenbildung. Er begeistert sich für Existenzgründung und ist Unternehmer mit vollem Herzblut. Mehr von und über Benjamin Michels finden Sie unter www.benjamin-michels.de.

Vorwort

Existenzgründung ist ein Prozess, eine Abfolge notwendiger und weniger notwendiger Schritte, den Sie von Anfang bis Ende durchlaufen müssen. In der Regel beginnt dieser Prozess bei der Idee und endet beim Übergang in den Regelbetrieb des Unternehmens. Eine Existenzgründung ist in Deutschland mit einer Vielzahl bürokratischer Hürden verbunden. Der KfW-Gründungsmonitor untersucht jedes Jahr aufs Neue das Gründungsverhalten in Deutschland. Für 2012 kommt der Bericht leider erneut zu dem Schluss, dass sich der Rückgang der Gründungsaktivitäten fortsetzt (ein Minus von 7 Prozent gegenüber 2011) – immerhin der niedrigste Stand seit Beginn des Gründungsmonitors in 2000. Gleichzeitig wirken sich bestimmte Gründungshemmnisse immer stärker aus. So zum Beispiel bürokratische Hürden und Verzögerungen, die Belastung für die Familie und das finanzielle Risiko (vgl. KfW 2013).

Aus meiner eigenen Erfahrung als Gründungscoach kann ich wiedergeben, dass fast alle Gründer zunächst vor den gleichen elementaren Fragen stehen:

Womit fange ich an?

Wo muss ich mich überall melden?

Was darf ich nicht vergessen?

Wer kann mir bei Fragen und Problemen helfen?

Wie gehe ich die Existenzgründung konkret an?

Was dieses Buch bietet

Auf den nächsten Seiten finden Sie einen systematischen Überblick über alle möglichen und notwendigen Gründungsformalitäten. Doch will ich Ihnen mit diesem Buch mehr bieten als nur das. Als Gründer oder Gründerin stehen Sie vor dem Problem, dass es mehr zu wissen gibt, als Sie auf einen Blick erfassen können. Selbst viele Gründungsberater haben sich auf Teilgebiete und Branchen spezialisieren müssen. Das aber bedeutet, Sie haben, selbst wenn Sie sich „nur" auf Ihre eigene Existenzgründung konzentrieren wollen, kaum die Möglichkeit selbst herauszufinden, *was* alles für Sie von Bedeutung ist. Wollen Sie ein Gewerbe gründen oder doch lieber eine freiberufliche Tätigkeit ausüben? Müssen Sie sich beim Bauamt melden oder doch nur beim Gewerbeamt? Brauchen Sie eine Corporate Identity oder reicht ein Corporate Design? Wie finden Sie eine gute Steuerberaterin oder einen guten Steuerberater, und was ist ein Gründercoaching? Brauchen sie eine Unfallversicherung, und wie können Sie Ihre Zielgruppe bestimmen? Diese und viele weitere Fragen werden in diesem Buch geklärt und geben Ihnen einen Überblick darüber, was Sie als Gründer alles beachten können und sollten. Natürlich ist im Einzelfall bei Weitem nicht alles davon notwendig. Doch vieles wird Ihnen helfen, Ihre Existenzgründung systematischer und damit wahrscheinlich freier von Fehlern anzugehen.

Die einzelnen Aufgaben und Themen sind so aufeinander abgestimmt, dass sie eine sinnvolle Reihenfolge ergeben. Sie können dieses Buch also zur Hand nehmen, um sich an den Kapiteln wie an den Schildern auf einem Wanderweg zu Ihrer Existenzgründung entlang zu hangeln. Auf diesem Weg finden Sie zudem immer wieder Hinweise auf Downloadmöglichkeiten für Checklisten, Dateien und Videos, die Sie bei Ihrer Existenzgründung unterstützen. Auch die Tipps wie der folgende, die sich durch das ganze Buch ziehen, sind dazu da, Ihnen das Leben in der ohnehin schwierigen Phase der Existenzgründung etwas leichter zu machen.

Tipp

Auf Sie werden wahrscheinlich nicht alle Punkte in den einzelnen Phasen zutreffen. Vielleicht müssen Sie sich nicht mit Urheberrecht, Gewerbesteuer oder der Berufsgenossenschaft auseinandersetzen. Überfliegen oder überspringen Sie die für Sie unwichtigen Kapitel und konzentrieren Sie sich nur auf die jeweils für Sie wichtigen Teile dieses Buches.

Was dieses Buch nicht kann

Eine große Schwachstelle hat dieses Buch dennoch: Es ist darauf angelegt, allgemeingültig zu sein. Sie finden hier also alle Formalitäten und Notwendigkeiten, die sich auf die breite Masse an Gründern beziehen. Zwar versuche ich dabei auch immer wieder auf einzelne Sonderfälle einzugehen, kann aber unmöglich die Vielzahl an Gründungsmöglichkeiten abdecken. Denn jede Existenzgründung ist individuell und so werden Sie bei Ihrer Existenzgründung vielleicht Formalitäten und Klärungen benötigen, die ich in diesem Buch nicht genannt habe. In diesem Fall können Ihnen aber unter Umständen weiterführende Links in diesem Buch oder auf meiner Internetseite sowie für Ihre Branche oder Berufsgruppe zuständige Institutionen (z. B. IHK, Handwerkskammer, Künstlersozialkasse) weiterhelfen.

Existenzgründung ist ein dynamischer Prozess, der von einer Vielzahl von Richtlinien, Regeln und Gesetzen abhängig ist. Es liegt in der Natur dieser Gesetze und Richtlinien, dass sie sich laufend verändern. Aus diesem Grund erhebt dieses Buch weder

Anspruch auf Vollständigkeit noch Anspruch auf absolute Richtigkeit der Aussagen, auch wenn alle Inhalte natürlich nach bestem Wissen und Gewissen recherchiert sind. Sie als Gründer stehen stets in der Pflicht, sich über den jeweils aktuellen rechtlichen Stand zu informieren. Betrachten Sie dieses Buch daher als einen ersten Ansatz oder Orientierungspunkt in einem weiten Ozean von Geboten und Verboten.

Und noch eine Bitte an Sie: Wenn Sie Bereiche finden, die Ihrer Meinung nach nicht mehr mit der aktuellen Rechts- oder Sachlage übereinstimmen, so schreiben Sie mir bitte eine E-Mail, damit das Buch schnellstmöglich wieder den aktuellen Stand erreichen kann.

Dieses Buch wurde als EBook konzipiert. Dem entsprechend finden Sie eine Reihe an weiterführenden Links (unterstrichen) in diesem Buch. Da Links auf Offline Papier leider noch nicht funktionieren, haben wir eine andere Lösung: Schicken Sie uns Ihren Kaufbeleg (Emailbestätigung von Amazon reicht aus) per Email an kontakt@benjamin-michels.de und Sie erhalten kostenlos das EBook. Das Ebook können Sie mit kostenlosen Apps auf Smartphones, Tablets und am PC oder Mac lesen und die Links nutzen.

Zur überarbeiteten und erweiterten 2. Auflage

Von Anfang an hatte ich die Absicht, meine Hinweise zur Existenzgründung systematisch auf den neuesten Stand zu bringen. Diese Auflage wurde insgesamt noch einmal auf Aktualität überprüft und angepasst.

Das Kapitel 2.13 wurde durch Jörg Stephan Müller, M.A., Diplom –Verwaltungswirt (FH) ergänzt. Herr Müller ist als Amtsrat bei der Deutschen Rentenversicherung Bund tätig.

Benjamin Michels (Mai 2014)

1. Existenzgründung läuft in Phasen ab

Eine Existenzgründung lässt sich in unterschiedliche Phasen einteilen, die aufeinander folgen. Wann Sie die jeweilige Phase abgeschlossen haben, ist vollkommen Ihnen selbst überlassen. Niemand zwingt Sie, nur weil Sie ein halbes Jahr mit der Planung der Existenzgründung verbracht haben, auch wirklich zu gründen. Ein großer Vorteil bei der Gründung Ihrer eigenen unternehmerischen Existenz ist somit, dass Sie Ihr eigener Herr sind. Sie können selbst entscheiden, was Sie tun und was Sie nicht tun – doch sollten Sie stets die Konsequenzen im Blick haben. Unabhängig davon lässt sich eine Existenzgründung allgemein erst einmal in drei Phasen unterteilen, die **Vorbereitungsphase,** die **Aufbauphase** und die **Ausbauphase.** Sozusagen als Vorgeschmack möchte ich Ihnen kurz darstellen, was für die einzelnen Phasen wesentlich ist, bevor Sie sich in den weiteren Kapiteln mit jeder einzelnen Phase im Detail beschäftigen werden.

1.1 Vorbereitungsphase

In dieser Phase heißt es: Alles kann, einiges sollte und manches muss. Sie haben noch nicht gegründet, Sie wollen sich nur informieren. Es ist sinnvoll, diese Phase so intensiv wie möglich zu gestalten, aber gleichzeitig auch nicht zu lange auszudehnen. Gerade in dieser Vorbereitungsphase sind Ihre Kreativität und Ihre Leidenschaft gefragt. Setzen Sie sich mit allem auseinander, was es rund um Existenzgründung zu wissen gibt. Werden Sie zu einem Schwamm für Wissen. Saugen Sie auf, was Sie finden können, und archivieren Sie Ihr neues Wissen. Erst wenn Sie alles zusammengetragen haben, um Ihre dann fundierte Gründungsentscheidung zu treffen, werden Sie in die nächste Phase übergehen.

1.2 Aufbauphase

Sie haben alle Ihre Vorrecherchen abgeschlossen, haben alles Wissen gesammelt, das Sie brauchen, und Sie sind sich sicher, dass Sie Ihr Glück versuchen wollen. Nun wird die Existenzgründung also real. Egal, ob Sie eine GmbH beim Notar gründen, ein Gewerbe anmelden oder dem Finanzamt mitteilen, dass Sie nun als Freiberufler oder Freiberuflerin arbeiten werden – jetzt wird es amtlich. In der Aufbauphase heißt es erneut Gas geben. Die Unterschrift unter der Anmeldung beim Finanzamt stellt den Startschuss dar. Ab diesem Zeitpunkt sind Sie offiziell Unternehmer und das heißt, Ihre volle Kraft, Zeit und Passion in Ihre Geschäftsidee zu stecken. Sie werden die ersten Versuche im Bereich Marketing unternehmen, vielleicht werden Sie Mitarbeitende einstellen, Räume mieten und Ihr Produkt oder Ihre Dienstleistung verkaufen. Am Anfang wird es sich alles noch ein wenig wackelig anfühlen. Sie werden sich in vielen Dingen unsicher sein, doch werden Sie mit der Zeit immer mehr an Sicherheit gewinnen. Versuche und Übergangslösungen beginnen, sich in bestehende Prozesse und Systeme umzuwandeln. Alles, was am Anfang noch unklar und undeutlich war, beginnt nun langsam Form anzunehmen. Bis Sie dann in die nächste Phase übergehen können.

1.3 Ausbauphase

Sie haben sich bewiesen! Ihre Geschäftsidee funktioniert. Wahrscheinlich werden Sie nicht so viel Umsatz oder Gewinn gemacht haben, wie Sie in Ihrer ersten Kalkulation geschätzt haben. Doch grundsätzlich funktioniert es. Ihr Verhältnis zwischen Umsatz und Kosten stimmt. Sie machen Gewinn, oder es ist zumindest absehbar, dass Sie zukünftig Gewinn machen werden. Sie entscheiden sich, weiter in Ihre Geschäftsidee zu investieren – in

Form von Geld oder Ihrer Arbeitszeit. In der Ausbauphase werden die Erfahrungen, die Sie bisher gemacht haben, ausgewertet und alles, was positiv ist, wird gefestigt. Vielleicht können Sie sogar auf der Basis bisheriger Erkenntnisse neue Prozesse anstoßen, neue Produkte entwickeln oder neue Projekte beginnen. Vielleicht haben Sie festgestellt, welche Marketingmaßnahmen besonders gut funktionieren und werden sich nun noch stärker in diese Richtung engagieren. Alternativ kann es in dieser Phase auch zum Ausstieg kommen, wenn sich Ihre Geschäftsidee nicht wie geplant entwickelt hat. Sie treffen selbst und aktiv die Entscheidung, ob Sie Ihr Unternehmen weiterführen wollen.

1.4 Wie lange dauern die Phasen?

Die Dauer der einzelnen Phasen hängt ausschließlich von Ihnen als Gründer ab. Im KfW-Gründungsmonitor heißt es, dass Gründer im Durchschnitt sieben Monate von der Idee bis zum Start der Selbstständigkeit benötigen. Die Hälfte der Gründer braucht sogar nur weniger als drei Monate (vgl. KfW 2013). Ob Sie nun drei, sieben oder zwölf Monate für die **Vorbereitungsphase** brauchen, das ist vollkommen Ihnen selbst überlassen, wie der folgende Vergleich illustriert: Ihre Idee ist wie ein guter Wein und Sie sind der Winzer. Wann der Wein reif ist, können nur Sie entscheiden. Sie sollten sich diese Entscheidung auch nicht abnehmen lassen, denn Sie müssen für Erfolge und Misserfolge einstehen, niemand anderes.

Es empfiehlt sich jedoch, für die **Aufbauphase** einen Zeitraum zwischen sechs und zwölf Monaten zu kalkulieren. Denn in weniger als sechs Monaten ist es schwierig, ein bestimmtes realistisches Erfolgsziel zu erreichen, von dem Sie auf den generellen Erfolg Ihrer Geschäftsidee schließen können. Bei einer Dauer von mehr als zwölf Monaten kann es sein, dass Sie auch beim eigentlichen Nichterfolg dazu neigen, die Aufbauphase zu verschleppen. Es läuft nicht so richtig gut, es läuft aber auch nicht so richtig schlecht. Sie schleppen sich immer weiter voran und geben Ihrer Idee jeden Tag doch noch einmal eine Chance. Vielleicht denken Sie: „Nur noch vier Wochen, dann treffe ich eine Entscheidung!" Und diese vier Wochen verlängern Sie dann um weitere vier Wochen und so weiter. Setzen Sie sich selbst einen Termin, wann Ihre Aufbauphase bestimmte Ziele (Umsatz, Kundenzahl, Bekanntheit, ...) erreicht haben muss.

Und wenn Sie Ihre Ziele erreicht haben, dann heißt es, mit voller Kraft in die **Ausbauphase** überzugehen. Wenn Sie mit Ihrer Geschäftsidee Ihre Ziele nicht erreicht haben, sollten Sie sich fragen, ob sich Ihre Geschäftsidee wirklich lohnt. Sie haben also immer die Wahl, wie lange Sie in der jeweiligen Phase verweilen. Wie im Folgenden, werden Sie im weiteren Verlauf des Textes immer wieder Beispiele finden, die Ihnen einen geschilderten Sachverhalt veranschaulichen sollen.

Beispiel

Christian möchte sich als Freiberufler selbstständig machen. Seine Geschäftsidee ist die Produktion von Imagefilmen für Autoren, Schauspieler und Musiker. In der ***Vorbereitungsphase*** *setzt er sich intensiv mit seiner Geschäftsidee auseinander. Er kalkuliert, welchen Stundensatz er nehmen müsste und wie viele Kunden er braucht, um von seiner Arbeit leben zu können. Er trifft Annahmen zu seiner Zielgruppe und überlegt, wie er mit reduzierten Ressourcen trotzdem erfolgreich sein könnte. Nach zwei Monaten entscheidet er, dass sich die Geschäftsidee lohnt. Er denkt, er wird erfolgreich sein und würde es daher gerne ausprobieren. Er kann sich, dank seiner Familie, eine Testphase von sechs Monaten leisten. Ab dem siebten Monat muss er mindestens 1.500 Euro Gewinn pro Monat machen, um gerade so über die Runden zu kommen. Seine Vorberei-*

tungsphase ist abgeschlossen, und er hat sein Ziel für die ***Aufbauphase*** *definiert. Nun hat er sechs Monate Zeit, sich selbst und seine Umwelt von seiner Geschäftsidee zu überzeugen. Die ersten drei Monate sind hart. Seine Marketingideen gehen nicht so auf, wie er es sich vorgestellt hat, und er findet keinen einzigen Kunden. Doch Christian ist hartnäckig. Er glaubt an seine Idee, und so versucht er aus den Fehlern zu lernen. Er gibt die letzten drei Monate seiner Aufbauphase noch einmal richtig Gas. Nach der Anpassung seiner Marketingstrategie gelingt es ihm, die ersten Kunden zu gewinnen. Er macht die ersten Umsätze und stellt erfreut fest, dass er Gewinn macht. Nach sechs Monaten setzt er sich hin und wertet seinen bisherigen Erfolg aus: Es hat zwar deutlich länger gedauert, bis er den ersten Kunden gefunden hat, doch hat ihm die Arbeit mit dem Kunden sehr viel Spaß gemacht. Er fühlt sich wohl bei der Arbeit und auch das Marketing hat am Ende des sechsten Monats ziemlich gut geklappt. Aber er nimmt noch nicht die 1.500 Euro pro Monat ein, die er braucht. Zurzeit sind es im Durchschnitt 1.300 Euro, Tendenz steigend. Christian entscheidet sich trotzdem, dass er auf dem richtigen Weg ist. Ihm wird klar, dass er die Aufbauphase zu kurz gewählt hatte. Gleichwohl entscheidet er sich, nun in die* ***Ausbauphase*** *überzugehen.*

Und gleich noch ein wichtiger Tipp, vor allem für die beiden ersten Phasen der Existenzgründung:

Tipp

Existenzgründung bedeutet, gegen Hürden und Chaos anzukämpfen. Doch der Trick dabei ist, in diesen Kampf nicht einzutreten. Versuchen Sie vielmehr, die Hürden zu überspringen und dem Chaos mit Struktur zu begegnen. Hürden sind all das, was Sie von Ihrem Run abhält: ein Antrag bei einem Amt, der zu lange dauert, ein wichtiger Termin bei einem potenziellen Partner, den Sie nicht kriegen, oder ein Dienstleister, der Ihnen nicht antwortet. All diese Hürden können Sie davon abhalten, dass Sie schnell und effizient arbeiten. Doch lassen Sie sich nicht aufhalten. Versuchen Sie, diese Hürden zu überspringen, indem Sie sie mit einkalkulieren. Dem Chaos als dem zweiten großen Problem begegnen Sie am besten mit Ordnung und Struktur, indem Sie sich schon vor der Aufbauphase einen genauen Plan machen, wann Sie was zu erledigen haben. Legen Sie sich einen Projektplan an, oder malen Sie sich ein Bild, das zeigt, was alles wie voneinander abhängt. So brauchen Sie z. B. zuerst einen Gesellschaftervertrag, erst dann können Sie Ihre Unternehmensgesellschaft (UG) bei einem Notar gründen, um im Anschluss daran Ihr Gewerbe anzumelden. Versuchen Sie stets, in die Zukunft zu blicken und Ihre nächsten fünf Schritte im Voraus zu planen.

2. Die Vorbereitungsphase – und alles, was dazugehört

In der Vorbereitungsphase werden Sie zum Jäger und Sammler. Sie sammeln alle Informationen, die Sie benötigen, um zu entscheiden, ob Sie gründen werden oder nicht. Sie jagen alles, was Sie brauchen, um sich einen Gründungsplan zu entwickeln: So entsteht Ihre ganz eigene Reisekarte für Ihre Existenzgründung. Sie zeigt den Weg, den Sie sich selbst angelegt haben und den Sie dann mit Beginn der zweiten Phase, der Aufbauphase, nur noch ablaufen müssen. Im Nachfolgenden finden Sie alle Schritte, die in den Bereich der Vorbereitungsphase fallen. Natürlich können und eventuell müssen Sie sich auch in anderen Phasen mit diesen Punkten auseinandersetzen, doch ist es sinnvoll, sich bereits in der Vorbereitungsphase einen Überblick über diese Themen zu verschaffen.

Tipp

Hier finden Sie einen allgemeingültigen Gründungsplan, der für eine Vielzahl an Existenzgründungen zutreffen dürfte.

2.1 Die Existenzgründung beginnt mit der Geschäftsidee

Zu Anfang steht die Geschäftsidee. Ohne Idee kein Geschäft. Auch wenn es für manche Leser im ersten Moment irritierend wirkt, können wir nicht immer davon ausgehen, dass jede Person, die sich mit Existenzgründung beschäftigt, auch wirklich eine Geschäftsidee hat. Denn die Gründungsmotivation liegt nicht immer in der Idee an sich. Ein nicht unwesentlicher Anteil an Gründerinnen und Gründern möchte selbstständig arbeiten: ohne Vorgesetzten, ohne die Rahmenbedingungen des Unternehmens, ohne die (unter Umständen unangenehme) Unternehmenskultur, die vielleicht gerade im aktuellen Unternehmen vorherrscht oder einfach nur, um der eigene Chef, die eigene Chefin zu sein. Wir können also zwischen Gründern mit und solchen ohne Idee unterscheiden. Für beide gilt im Folgenden dasselbe, mit der einen Ausnahme, dass jene ohne Idee erst noch eine Idee finden müssen.

Der Idee selbst kommt natürlich eine wesentliche Bedeutung zu, doch wird diese Bedeutung von vielen Gründern deutlich überschätzt. Denn schlecht umgesetzt, wird eine sehr gute Idee kaum erfolgreich sein können. Hingegen kann eine schlechte Idee, die gut umgesetzt wurde, erstaunlich viel Erfolg erzielen. Im optimalen Fall trifft natürlich eine sehr gute Idee auf eine sehr gute Umsetzung. Doch seien wir ehrlich: Das ist der geringste Teil der Fälle. Meistens trifft eine ganz passable Idee auf eine akzeptable Umsetzung. Wie Sie Ihre Umsetzung verbessern können, werden Sie in den nächsten Kapiteln erfahren. In diesem Kapitel geht es erst einmal darum, wie Sie Ihre Geschäftsidee verbessern können. Auch hier ist es natürlich wieder schwierig, ein allgemeingültiges Schema zu finden, das sich auf eine Vielzahl an Ideen anwenden lässt. Es gibt eine Reihe unterschiedlicher Ansätze, die uns bei diesem Problem unterstützen können. Ich stelle Ihnen den **Entrepreneurship-Ansatz** vor. Eine Sichtweise (die Forschung spricht von Entrepreneurial Mindset), die ich selbst bei meinen Unternehmensgründungen anwende. Hierdurch können Sie mit reduzierten Ressourcen gründen, mehr Aufmerksamkeit erzeugen und Wettbewerbsvorteile herausarbeiten. Sehen wir uns das genauer an:

Entrepreneurship – oder: wie Sie Ihre Geschäftsidee kreativ fördern

Entrepreneurship ist nach Prof. Dr. Günter Faltin die Konzept-kreative Gründung (vgl. Faltin 2012), also ein kreativer Konzeptprozess, mit dem wir unsere Geschäftsidee verbessern können. Besonders interessant an diesem Ansatz ist, dass Faltin eine Reihe von Normen anbietet, die Sie auf Ihre Geschäftsidee anwenden können. Einmal verstanden, können diese Normen einen lang anhaltenden Mehrwert bieten. Für eine ausführliche Beschäftigung mit dem Thema und um ein umfassendes Verständnis von Entrepreneurship zu erhalten, empfehle ich Ihnen sein Buch „Kopf schlägt Kapital" – sehr angenehm zu lesen und dank vieler Beispiele gut nachzuvollziehen. Sechs der Normen, über die er spricht, sind besonders hervorzuheben und können die Entwicklung einer Geschäftsidee optimal unterstützen:

Skalierbarkeit: Skalierbar ist eine Idee dann, wenn Sie im immer gleichen Verhältnis vergrößert werden kann. Benötigten Sie für die Umsetzung Ihrer Idee für 5.000 Euro Monatsumsatz einen Mitarbeiter, so sollten Sie für 10.000 Euro Monatsumsatz maximal zwei Mitarbeiter benötigen. Wären hingegen drei oder vier Mitarbeiter notwendig, um den Arbeitsaufwand zu decken, so wäre die Idee nicht skalierbar. Bei mehr Umsatz, also mehr Arbeitsaufkommen, steigt der Arbeitsaufwand zu stark an, sodass der Gewinn unverhältnismäßig stark geschmälert wird. Skalierbarkeit bedeutet also, dass Kosten und Komplexität maximal im gleichen Verhältnis wie der Umsatz wachsen. Lesen Sie zur Verdeutlichung das folgende Beispiel:

Beispiel

Christian sitzt über der Planung seiner Imagevideos. Er braucht für ein Video mit 1.000 Euro Umsatz ca. fünf Stunden für den Dreh, fünf Stunden für die Nachbearbeitung und zwei Stunden für die Kommunikation mit dem Kunden. Insgesamt also 12 Stunden für 1.000 Euro Umsatz. Bei einem deutlich größeren Projekt mit zum Beispiel 10.000 Euro Umsatz (das Zehnfache von vorher) würde er für den Dreh wahrscheinlich 50 Stunden (ebenfalls das Zehnfache) und für die Nachbearbeitung ebenfalls 50 Stunden (wiederum das Zehnfache) brauchen. Für die Kommunikation mit dem Kunden würde er aber wahrscheinlich deutlich mehr Zeit aufwenden müssen, nach seiner Schätzung ca. 30 Stunden (also das Fünfzehnfache). Damit würde er an einem großen Projekt (10.000 Euro mit 130 Stunden = 76,92 Euro pro Stunde) weniger pro Stunde verdienen als an einem kleinen Projekt (1.000 Euro mit 12 Stunden = 83,33 Euro / Stunde). Seine Geschäftsidee ist also nicht skalierbar, da die Kosten im Verhältnis stärker wachsen als der Umsatz. Aus diesem Grund entscheidet sich Christan, auf Stunden basiert abzurechnen. So erhält er bei einem großen Projekt den gleichen Stundensatz wie bei einem kleinen Projekt – die Kosten (seine Arbeitszeit) wachsen also konstant mit dem Umsatz mit.

Tipp

Hier finden Sie ein Video zum Thema Skalierbarkeit. Dort haben Sie auch die Möglichkeit, eine Übung zu nutzen, um Ihr eigenes Konzept auf Skalierbarkeit zu überprüfen.

Komponenten: Alles besteht aus einzelnen Komponenten, die – in eine bestimmte Reihenfolge gebracht – Sinn ergeben. Die

Logik der Komponenten im Entrepreneurship-Konzept nach Faltin verbindet den Gedanken des Outsourcing mit der Möglichkeit, Dinge auf eine neue Art und Weise zu kombinieren (vgl. Faltin 2012). Nicht jede der Aufgaben, die in einem Unternehmen anfallen, muss intern ausgeführt werden, sondern vieles kann extern vergeben werden. Sie können z. B. einen Dienstleister finden, der eine bestimmte Aufgabe gegen Bezahlung für Sie ausführt. Sie können aber auch mehrere Aufgaben, die aufeinander folgen, an unterschiedliche Dienstleister abgeben und nur noch die Koordination übernehmen. Wirklich geniale Lösungen können sich ergeben, wenn Sie bestehende Komponenten nehmen, diese auf eine neue Weise kombinieren und gerade dadurch einen Mehrwert erschaffen. Wie das gehen kann, zeigt Ihnen das folgende Beispiel:

Beispiel

Karl möchte einen Onlineshop für Hundezubehör aufbauen. Er hat viel Ahnung von Hunden sowie ein bisschen Ahnung von E-Commerce, Onlineshops und Marketing. Er kann sich nicht vorstellen, alle Aufgaben selbst auszuführen. Er glaubt, er würde sich dann in den einzelnen Aufgaben verlieren und könnte nicht mehr den Überblick behalten. Er hat schon fünf Zulieferer identifiziert, die besonders hochwertiges Hundezubehör herstellen. Alle produzieren in Deutschland und haben ausgearbeitete Qualitätsrichtlinien – genau das, was Karl sich vorgestellt hat. Gleichzeitig hat Karl einen sogenannten Fulfillment-Dienstleister gefunden. Dieser Dienstleister lagert die Ware für ihn ein. Sobald ein Verkauf zustande kommt, wird die Ware durch den Dienstleister verschickt. Um die Rücksendungen und den Zahlungsverkehr kümmert sich der Fulfillment-Dienstleister ebenfalls. Hierfür möchte der Dienstleister 15 Prozent vom Umsatz. Mit seinem Onlineshop geht Karl ebenfalls auf Nummer sicher und bedient sich eines Systems, das wenig kostet, gerade einmal 50 Euro pro Monat. Die Produktbilder erhält er vom Hersteller. Die Produkttex-

te lässt er sich von einer Agentur erstellen, die auf Suchmaschinenoptimierung spezialisiert ist. Denn nur, wenn seine Produkttexte die richtigen Suchbegriffe enthalten, wird er von potenziellen Kunden über Suchmaschinen gefunden. Gleichzeitig nutzt er noch eine andere Agentur für Suchmaschinenoptimierung, die durch ständige Optimierung seiner Suchbegriffe dafür sorgt, dass sein Onlineshop auf der ersten Seite der Suchmaschinen und dort möglichst weit vorne zu finden ist, was ihm wiederum am ehesten Umsatz bringt. Diese sogenannte SEO-Agentur arbeitet auf Provision und will ebenfalls 15 Prozent der Umsätze von ihm. Karl hat sich somit ein System gebaut, bei dem er unterschiedliche Komponenten nutzt. Er kauft Ware, diese Ware wird vom Fulfillment-Dienstleister eingelagert und versandt. Er nutzt ein bestehendes Onlineshop-System und lässt das Marketing durch andere machen. Das bedeutet, er muss vorab in die Ware, die Produkttexte und den Onlineshop investieren. Alle anderen Kosten fallen erst dann an, wenn auch Umsatz anfällt.

Tipp

Hier finden Sie einige Videos, welche die Existenzgründung mit Komponenten noch einmal ausführlicher erklären und Ihnen helfen, diesen Ansatz auf Ihre eigene Geschäftsidee anzuwenden.

Ökonomie der Aufmerksamkeit: Gerade zu Beginn ist es besonders schwierig, Aufmerksamkeit auf Ihr Unternehmen zu lenken. Leider höre ich von Existenzgründern zu oft den Satz: „Ich dachte, dass meine Idee zum Selbstläufer wird.“ Hier trifft Wunschdenken auf Realität. Ihre Idee wird nicht zum Selbstläufer, vergessen Sie es! Freunden Sie sich gleich von Anfang an damit an, dass Sie ein gutes Marketingkonzept brauchen. Und hier gilt eine klare Regel: Je mehr Geld Sie zur Verfügung haben, desto einfacher wird es, Aufmerksamkeit zu erzeugen. Doch treibt es natürlich ihre Kosten in die Höhe, wenn Sie jeden Kunden, der Sie wahrnehmen soll, durch Marketing zu sich locken müssen. Genau an diesem Punkt setzt der Gedanke der Ökonomie der Aufmerksamkeit an. Wie können Sie Ihre Geschäftsidee so aufbauen, dass Sie durch die Idee selbst Aufmerksamkeit erzeugen? Denn wenn die Idee selbst Aufmerksamkeit erzeugt, werden Sie weniger Geld für Ihr eigenes Marketing brauchen. Lesen Sie, wie das Problem im folgenden Beispiel gelöst wird:

Beispiel

Christian grübelt darüber nach wie er sein eigenes Marketing aufbauen wird. Dabei kommt ihm eine Idee. Seine Zielgruppen sind Schauspieler, Musiker und Autoren. Allesamt Menschen, die sich innerhalb der eigenen Branche umgucken und stets schauen, was die Konkurrenz so treibt. Am Anfang wird er Probleme haben, Kunden zu finden. Gerade auch deswegen, weil die Kunden sehen möchten, was er macht. Er braucht also ein Portfolio. Zwar hat er zusätzlich eine Ausbildung als Kameramann absolviert, doch es mangelt ihm an der Erfahrung in der Erstellung von Imagefilmen. Seine Idee ist nun, zunächst fünf potenzielle Kunden zu suchen, die deutlich weniger für seine Dienstleistung bezahlen müssen. Dafür darf er am Ende des Videos eine große Werbung für sich selbst schalten. Die Schauspieler, Musiker und Autoren werden bemüht sein, die Videos über sich selbst möglichst weit zu verbreiten. Dadurch werden andere Kunden aus der Branche diese Videos sehen und auf ihn aufmerksam werden. Später kann er dann seinen neuen Kunden anbieten, dass sie fünf bis zehn Prozent der Kosten sparen können, wenn er am Ende des Videos seine eigene Werbung schalten darf. Somit erzeugt er eine Ökonomie der Aufmerksamkeit: Durch seine eigene Geschäftsidee (Produktion von Imagefilmen) kann er für seine Geschäftsidee werben.

Tipp

Bitte geben Sie bei Ihrer Existenzgründung darauf acht, dass Sie Ihre Dienstleistung nicht zu günstig oder gar umsonst anbieten. Sie sind Dienstleister und Sie müssen bezahlt werden, sonst können Sie nicht überleben. Die Ökonomie der Aufmerksamkeit hat eigentlich nichts mit Preissenkung zu tun. Es geht vielmehr darum, dass Sie Ihre Geschäftsidee so planen, dass sie durch sich selbst Aufmerksamkeit erzeugt.

wenig Risiko: Dieser Ansatz sollte eigentlich für alle Existenzgründer gelten, ist doch schon die Existenzgründung an sich ein ungemeines Risiko. Da ist es leicht zu verstehen, dass es vielen Gründern schwer fällt, die optimale Balance zu treffen: so viel Risiko wie nötig und so wenig Risiko wie möglich. Wann diese Balance erreicht ist, hängt von der eigenen Geschäftsidee ab. Ist es sinnvoll, für eine Aufgabe eigene Maschinen anzuschaffen, also eine hohe Investition zu tätigen, oder ist es doch sinnvoller eine Komponente, also ein Produktionsunternehmen, zu nutzen und die eigenen Investitionen gering zu halten? Solche Entscheidungen kann nur jeder Gründer selbst treffen, doch sollte grundsätzlich das einzugehende Risiko so gering wie möglich und gleichzeitig für den maximalen Erfolg so groß wie nötig sein.

Beispiel

Christian plant den Drehtag für seinen Kunden. Er hat lange überlegt, ob er sich die Filmausrüstung selbst kauft oder ob er Ausrüstung mietet. Beides hat sein Für und Wider. Bei eigenem Equipment entfällt sehr viel Stress, den er mit der Ausleihe von Geräten hat. Er muss nicht auf die Zeit achten und braucht die Ausrüstung nicht nach dem Dreh noch zurückzubringen. Doch wenn er die Ausrüstung kaufte, würde ein Großteil seines Gründungskapitals dann in den Geräten gebunden sein. Zudem kann er die gleiche Qualität auch mit Leihgeräten erzielen. Christian entscheidet sich dafür, die Geräte zu mieten, da er zum einen weniger Risiko hat und zum anderen das frei bleibende Kapital für das Marketing nutzen kann.

Einfachheit statt Komplexität: Oft sind es die Details, in denen wir uns verlieren. Wir erschaffen häufig selbst Komplexität durch den Gedanken, alles abdecken und anbieten zu müssen. Doch müssen wir bei einer Bekleidungslinie wirklich immer alle Größen von XS bis hin zu XXXL auf Lager haben? Werden nicht 80 Prozent des Umsatzes mit nur 20 Prozent der Größen gemacht? Ist es dann nicht viel sinnvoller, die Komplexität zu reduzieren und einfach bei den Kerngrößen zu bleiben? Diese Logik lässt sich auf eine Vielzahl von Geschäftsideen und Handlungen während der Unternehmensgründung anwenden. Wenn Sie die Wahl zwischen einfach und komplex haben, so sollten Sie stets einfach wählen. Im Nachhinein werden Sie es sich selbst danken.

Beispiel

Karl sitzt an der Planung seines Produktsortiments. Eigentlich hatte er vorgehabt, nur einen Onlineshop für Hundezubehör aufzumachen. Doch bietet es sich nicht an, andere Tierarten gleich mit abzudecken? Oder würde er sich damit übernehmen? Wenn er mehr als nur Hundezubehör anbietet, muss er klären, ob der Versand genauso laufen würde. Er müsste auch überlegen, ob seine Marketingstrategie dann noch aufgehen würde. Auf jeden Fall müsste er mehr Geld investieren. Vielleicht müssten Katzenliebhaber auch anders als Hundeliebhaber angesprochen werden. Wahrscheinlich würde er auch nicht bei den gleichen Zulieferern einkaufen können. Das heißt, die Anzahl seiner Zulieferer würde sich noch einmal erhöhen, was die Lagerhaltung komplizierter machen würde. Karl beschleicht das Gefühl, dass mit dieser Entscheidung sein Vorhaben deutlich komplexer würde und er den Kern seines Vorhabens aus den Augen verlöre. Vor allem hätte er das Gefühl, dass die Komplexität den Erfolg seiner an sich einfachen Idee auffressen würde.

Funktion schlägt Konvention: Hierbei handelt es sich um die Königsdisziplin des Entrepreneurship. Wie oft habe ich von meinen Kunden den Satz gehört „Das haben wir schon immer so gemacht." An dieser Stelle müssen wir uns ganz deutlich fragen, ob es etwas besser wird, nur weil es in den letzten zehn Jahren nicht geändert worden ist. Natürlich, es gibt Dinge, die aus gutem Grund nicht geändert werden, weil es sinnvoll ist, dass sie so bleiben wie sie sind. Doch es gibt auch immer wieder die kleinen funkelnden Sterne, Innovationen, die von echten Entrepreneuren entdeckt oder entwickelt werden. Sie führen dazu, dass Konventionen, die wie in Stein gemeißelt wirken, nahezu genial durch eine Funktion aufgelöst werden. Große Ideen, heutzutage oft verbunden mit dem Internet, basieren auf dieser Logik. Früher widersprach es z. B. der Konvention, Videos von sich selbst an Millionen von Menschen zu schicken, in denen man beispielsweise zeigt wie die eigenen Augenbrauen tanzen können. Doch YouTube hat diese Konvention durch Bereitstellen einer einfachen Funktion aufgelöst: Mit nur zwei Klicks kann ich ein Video von mir und meinen tanzenden Augenbrauen hochladen. Die Tatsache dass weltweit mittlerweile pro Minute rund 72 Stunden Videomaterial hochgeladen wird (Wikipedia 2013), zeigt eindrucksvoll die erfolgreiche Anwendung des Prinzips „Funktion schlägt Konvention".

Beispiel

Frank fertigt Schmuck aus Leder. Er verkauft Schmuck im Wert von 5.000 € im Monat. Er ist gelernter Sattler. In der Ausbildung und auch danach wurde ihm wieder deutlich gemacht, dass man Leder nur von

Hand ausschneiden könne – das wurde schon immer so gemacht. Nun hat Frank seit einiger Zeit Probleme mit dem Handgelenk. Das zwingt ihn dazu, sich mit neuen Produktionsmöglichkeiten zu beschäftigen. Schnell findet er heraus, dass es sogenannte automatische CNC Fräsen gibt. Frank beschließt nun, eine CNC-Fräse zu kaufen, mit der er das Leder ausschneiden und verzieren kann. Er erzählt anderen Sattlern und Schustern davon. Überall trifft er auf Zweifel. Er hört Sätze wie „Das kann ich mir nicht vorstellen!", „Was soll das bringen?", „Wir haben das schon immer so gemacht, warum sollten wir das ändern?" Trotz aller Zweifel beschließt Frank eine CNC Fräse zu kaufen und einzurichten. Schon nach kurzer Zeit kann er 50 Prozent der Arbeitszeit einsparen, was über 70 Prozent der Kosten ausmacht. Die Produktion kostet ihn jetzt nicht nur weniger, er kann auch mehr als vorher produzieren. Somit hat eine Funktion (CNC Fräse) eine Konvention („Leder schneidet man per Hand aus – das haben wir schon immer so gemacht!") geschlagen.

Besonders durch die Verbindung der Normen entstehen starke Ideen. Die Entrepreneurship Normen sind hilfreich für die Weiterentwicklung der Ideen und Sichtweisen des Existenzgründers. Am Anfang löst die Idee vielleicht mit einer neuen Funktion eine alte Konvention ab. Vielleicht besteht sie aus Komponenten und ist damit günster und flexibel. Vielleicht gelingt es dem oder der Existenzgründenden sogar, eine Ökonomie der Aufmerksamkeit zu erreichen und damit ohne großes Marketingbudget Aufmerksamkeit zu erzeugen.

Tipp

Hier finden Sie noch einmal eine Übersicht aller Normen mit Quellen:

- Entwickle eine Konzept-kreative Idee (vgl. Faltin 2008, S. 27).
- Halte deine Idee skalierbar (vgl. Faltin 2008, S. 25 i.V.m. S. 45).
- Einfachheit siegt über Komplexität (vgl. Faltin 2008, S. 45 i.V.m. S. 147). (Keep it simple.)
- Nutze (unternehmerische) Gelegenheiten (Faltin 2008, S. 74 i.V.m. Ko 2012, S. 24-33). (Act on opportunities.)
- So viel Risiko wie nötig, so wenig Risiko wie möglich (vgl. Faltin 2008, S. 45f.).
- Entrepreneure halten durch. Faltin spricht hier von Durchhaltevermögen (vgl. Faltin 2008, S. 187).
- "Groß werden und dabei klein bleiben" (Faltin 2008, S. 102). (Make it big, keep it simple.)
- Sieh Dinge mit neuen Augen (Think different.) Faltin nennt hier ein Zitat von Marcel Proust: "Die wahre Entdeckung besteht nicht darin, Neuland zu finden, sondern die Dinge mit neuen Augen zu sehen." (Faltin 2008, S. 145).
- Inszeniere dich selbst (Faltin 2008, S. 163 - 166).

- Sei ein Künstler der Unternehmensgründung (vgl. Faltin 2008, S. 52 i.V.m. S. 216f.).
- Sei innovativ und neuartig (vgl. Faltin 2008, S.66 i.V.m. S. 144).
- Jongliere mit reduzierten Ressourcen (vgl. Faltin 2008, S. 58).
- Nutze Komponenten (vgl. Faltin 2008, S. 19 i.V.m. S. 96 i.V.m. S. 105).
- Füge die Komponenten neu zusammen (vgl. Faltin 2008, S. 19 i.V.m. S. 93-96 i.V.m. Ko 2012, S. 24).
- Sei professionell statt unprofessionell (vgl. Faltin 2008, S. 81).
- Wage das Unerprobte (vgl. Faltin 2008, S. 197). Gemeint ist das Unerprobte aus Sicht des Marktes. Nur weil ein Fleischer sich in Holzverarbeitung versucht, wagt er nicht das Unerprobte im Sinne von Entrepreneurship.

Nun, da Sie über Ihre Idee gründlich nachgedacht haben, geht es weiter mit der Kalkulation genau dieser Idee.

2.2 Die Vorkalkulation – oder: Lohnt sich Ihre Geschäftsidee?

Sie haben Ihre Idee. Wunderbar! Doch was nun?

Eine der ersten und wichtigsten Fragen, die sich stellt ist, ob sich die Idee überhaupt lohnt. Sie brauchen kein Business Model zu entwickeln und keinen Businessplan zu schreiben, wenn sich die Idee selbst nicht rechnet. Um es mit Berliner Worten zu sagen: Ohne Moos nichts los!

Hier treffen wir jedoch sofort auf Probleme, auf die ich im Zusammenhang mit den Informationen zum Businessplan noch näher eingehen werde. Ein Businessplan ist eine Zukunftssicht für die nächsten zwei bis fünf Jahre. Das heißt, Sie treffen eine Vermutung, wie viele Kosten und wie viel Umsatz Sie in den nächsten Jahren haben werden. Wird diese Schätzung zutreffen? Mit einer Wahrscheinlichkeit von 70 Prozent wird sie das nicht – denn ungefähr 70 Prozent aller Annahmen in einem Businessplan sind falsch. Wieso sollten Sie dann überhaupt kalkulieren?

Nun, aus dem gleichen Grund, aus dem Sie nach herannahenden Autos gucken, wenn Sie über die Straße gehen: Sie wollen nicht überfahren werden. Eine Existenzgründung ohne Kalkulation des Produkts ist wie mit verbunden Augen auf Bahngleisen zu balancieren. Es gibt garantiert ein paar Menschen, die Erfolg damit haben. Doch der Großteil derjenigen, die das versuchen, hat Pech und wird vom Zug des Scheiterns erfasst. Schalten Sie also Ihren Überlebensinstinkt ein, und beginnen Sie mit der Kalkulation Ihres Produkts. Doch wie stellen Sie das am geschicktesten an? Was gehört alles in eine solche Kalkulation, und was gehört nicht hinein? Im Abschnitt „Das Produkt" beschäftigen wir uns noch einmal damit, wie Sie ein Produkt kalkulieren können. Hier geht es erst einmal um eine Mischkalkulation, die Ihr Produkt und die Fixkosten, die durch Ihre Geschäftsidee entstehen, erfasst. Im Nachfolgenden gebe ich Ihnen ein Beispiel, wie Sie eine Geschäftsidee auf diese Weise kalkulieren können.

Beispiel

Jan hat eine Idee. Er arbeitet seit Jahren in einem Unternehmen und erstellt Exceltabellen – den ganzen Tag. Wenn er eins weiß, dann wie man Exceltabellen für die unterschiedlichsten Situationen anlegen kann. Egal ob Produktkalkulation, Recherchen, Kundendaten oder Kontaktnetzwerke, Jan hat Hunderte von Möglichkeiten im Kopf. Seine Idee ist schnell erklärt:

Produkt: *Downloadservice für fertige Exceldateien. Er erstellt eine leere Exceldatei, die man nur noch mit Daten zu füllen braucht. Der User zahlt zwischen 0,99 Euro und 4,99 Euro für solch eine Datei.*

Investition: *Jan hat schon alles da was er braucht, um die Dateien zu erstellen. Hierfür ist also keine Investition notwendig. Das einzige was er braucht, ist ein Onlineshop, bei dem man digitale Güter zum Download kaufen kann. Zusätzlich braucht er noch ein neues Headset, eine neue Webcam und eine 0180er Nummer.*

20 Euro pro Monat für den Onlineshop, macht im ersten Jahr 240 Euro
+ 40 Euro für das neue Headset
+ 40 Euro für die neue Webcam
+ 50 Euro Einrichtungsgebühr für die 0180er Nummer

= Insgesamt 370 € im ersten Jahr

Zum Erstellen einer Exceldatei braucht er ungefähr zwei Stunden. Hierfür kalkuliert er aber keinen Wert ein. Er plant vier Wochen im Vorfeld zum Erstellen der Exceldateien ein und geht davon aus, dass er dann über 300 Exceldateien im Sortiment haben wird.

Würde er es kalkulieren, würde er sich selbst mit 30 Euro pro Stunde bezahlen. Das Erstellen einer Exceldatei würde ihn also 60 € kosten.

Jan hat sich sehr intensiv mit den unterschiedlichen Marketingmöglichkeiten beschäftigt. Er geht davon aus, dass er ca. 0,80 Euro Werbekosten pro Datei hat. Er wird drei Kategorien verkaufen:

- *Kategorie A zu 0,99 Euro*
- *Kategorie B zu 1,99 Euro*
- *Kategorie C zu 4,99 Euro*

Er schätzt, dass er im ersten Jahr ca. 500-mal Kategorie A, ca. 200-mal Kategorie B und ca. 50-mal Kategorie C verkaufen wird. Das ergibt insgesamt 750 verkaufte Dateien. Bei 0,80 Euro Werbekosten pro Datei wären das insgesamt 600 € Werbekosten. Sein Umsatz beläuft sich auf 500-mal 0,99 Euro plus 200-mal 1,99 Euro plus 50-mal 4,99 Euro. Insgesamt also 1.142,50 € Umsatz.

1.142,50 € Umsatz
- 600,00 € Werbekosten
= 542,00 € Deckungsbeitrag, um die Investitionen und Fixkosten zu decken

Jan hat also einen Deckungsbeitrag von 542,00 €. Davon müsste er die Investitionen in Höhe von 370 € bezahlen. Damit blieben ihm noch 172 €. Das ist ein sehr schmaler Gewinn, vor allem wenn man bedenkt, dass er vier Wochen Zeit alleine in die Erstellung der Exceldateien investiert.

Jan wird seine Idee in dieser Form erst einmal aufgeben, aber er wird weiter überlegen, wie er sie so umgestalten kann, dass sie rentabel wird.

Sie sehen, solch eine Vorkalkulation ist unerlässlich, wenn Sie grundlegend wissen wollen, ob sich die geplante Existenzgründung lohnen kann. Sie hat noch nicht den Umfang eines Business Models und sie hat auch noch lange nicht den Umfang eines Businessplans. Aber sie gibt Ihnen einen ersten Hinweis darauf, wie Ihr Gewinn aussehen würde, wenn Sie so vorgehen, wie Sie es im Kopf haben. Gleichzeitig werden Sie durch eine Vorkalkulation gezwungen, die Idee zu Papier zu bringen und real werden zu lassen. Ich höre von Existenzgründern immer wieder, dass Sie die Idee ja nicht zu Papier bringen müssten und dass sie all diese Kalkulationen im Kopf machen. Doch jetzt mal ehrlich: Am Ende sind das alles nur Ausreden. Vielleicht wird der eine oder andere davon erfolgreich, doch es ändert nichts daran, dass sich diejenigen mit verbundenen Augen auf die Autobahn gestellt haben. Wenn Sie Sicherheit möchten, dann sollten Sie sich unbedingt hinsetzen und anfangen, ihr Projekt zu kalkulieren.

Tipp

Damit Ihnen diese Arbeit ein wenig erleichtert wird, habe ich Ihnen eine Excel-Datei zur Vorkalkulation erstellt.

2.3 Das Produkt – der Kern Ihrer Geschäftsidee

Egal ob Produkt oder Dienstleistung, wir sind nun genau am Kern Ihrer Idee. Es geht um das, was Sie Ihren Kunden verkaufen möchten. Und es geht darum, ob Ihre Kunden bereit sind, den Preis zu zahlen, den Sie sich vorstellen. Die Frage, ob Ihr Produkt das wert ist, was Sie dafür verlangen, ist von zweitrangiger Bedeutung. Vielmehr geht es um die Frage, ob es Ihren Kunden das wert ist. Wir zahlen in Deutschland weniger als einen Cent pro Liter Trinkwasser. Stellen Sie sich vor, Sie befinden sich auf einer einsamen Insel. Sie haben genug zum Essen, aber Ihr Wasser ist Ihnen ausgegangen. Nun legt ein Fischer an und bietet Ihnen zehn Liter Wasser für 100 Euro an. Würden Sie das Wasser kaufen? Wahrscheinlich schon. Jedenfalls stellt die Option zu verdursten keine wirkliche Alternative dar. Doch warum sind wir bereit, das 1.000-fache für das gleiche Produkt auszugeben? In dem geschilderten Fall lässt es sich auf den Mangel von Alternativen zurückführen und natürlich auch auf die physiologische Notwendigkeit, Wasser zu trinken. Doch bewegen wir uns von dem Grundbedürfnis nach dem eigenen Überleben weg, hin zu Luxusgütern. Warum kaufen wir einen Pullover mit Markenaufschrift für 80 Euro, der ohne Markenaufschrift nur 20 Euro kostet. Wohl nicht, weil er mehr wert ist. Wohl eher, weil er *uns* mehr wert ist.

Diesen Zusammenhang müssen Sie immer im Kopf haben. Verknappung und Image sind die wertvollsten Waffen, wenn es um den Produktpreis geht. Als das I-Phone 5 erschien, standen die Leute an den Geschäften Schlange. Das I-Phone hat ein gutes Image. Jedenfalls würden das die meisten Menschen, die eines gekauft haben, bestätigen. Hinzu kommt nun in dieser beispielhaften Situation, dass bei Erscheinen des neuen I-Phone 5 nur eine bestimmte Anzahl davon verfügbar war. Es wurde also eine künstliche Verknappung herbeigeführt, um die Nachfrage zu steigern und ein Gefühl von Exklusivität zu erzeugen. Exklusivität, vermittelt durch das Wissen, dass man zu den wenigen Auserwählten gehört, die schon ganz zu Anfang eines der begehrten I-Phone 5 haben. Natürlich kostet Image Geld. Und auch eine künstliche Verknappung muss gut geplant und mit entsprechendem Marketing hinterlegt sein, damit der Schuss nicht nach hinten losgeht. Ob Sie das Marketingbudget haben, um Ihr eigenes Image in einem solchen Ausmaß aufzubauen, müssen Sie sich selbst überlegen. Eines kann Ihnen jedoch im Gedächtnis bleiben: Je stärker und verbreiteter das Image, desto teurer.

Sie sehen also, dass Sie im ersten Schritt die Preisbildung im Blick haben müssen. Doch dabei zählen vor allem die Bedingungen, unter denen Sie das Produkt verkaufen werden. Langfristig spielt insbesondere auch, wie wir am I-Phone sehen, das Image Ihres Produkts eine Rolle. Das Image kann Ihre Preisbildung zum Positiven, wie auch bei einem schlechten Image, zum Negativen beeinflussen.

Wenn Sie beginnen, konkret über Ihr Produkt nachzudenken, gibt es ein paar Punkte, die Sie besonders im Auge haben müssen. Natürlich spielt der Preis hierbei auch eine große Rolle. Doch es geht vor allem darum, welchen Nutzen Ihr Produkt für den Kunden hat und was Sie von der Konkurrenz unterscheidet.

2.3.1 Consumer Benefit (CB)

Consumer Benefit, auf Deutsch der Kundennutzen, beschreibt, welchen Vorteil sich der Kunde durch Ihr Produkt sichert. Existenzgründer neigen dazu, gerade diese Frage zu lapidar zu beantworten. Oft höre ich von den Gründern „Ja, ja, darum kümmere ich mich später“, oder „Naja, es ist einfach besser für ihn“, und mein Highlight ist „Das muss doch der Kunde wissen". Der Kundennutzen ist das, was Ihr Produkt oder Ihre Dienstleistung attraktiv macht. Sie bieten etwas an, das Ihr Kunde braucht. Er muss es unbedingt haben, weil es ihm einen Mehrwert bietet. Das kann Entspannung sein, eine Lebenserleichterung, ein kulinarischer Genuss oder etwas, das sein Leiden lindert. Es geht um den Mehrwert, den Ihr Produkt erzeugt. Denn das ist der ausschlaggebende Grund, warum der Kunde das Produkt kauft. Nur wenn Sie für sich und andere klar herausstellen, was der Kundennutzen an Ihrem Produkt ist, können Sie Ihr Produkt auch erfolgreich verkaufen. Vor allem werden Sie Ihre Zielgruppe auch nur dann angemessen ansprechen können, wenn Sie wissen, warum sie das Produkt kauft. Wie wichtig es ist, den Kundennutzen nicht aus dem Auge zu verlieren, zeigt Ihnen das nächste Beispiel:

Beispiel

Herr Meyer ist Leiter einer Baumarktkette. Ihm ist aufgefallen, dass das silberne Gewebeklebeband seit einigen Wochen besonders gut verkauft wird. Anscheinend ist hier die Nachfrage gestiegen. Herr Meyer hat im Hinterkopf, dass sie hier nur ein minderwertiges No-Name-Produkt führen. Es ist dünner als das normale Gewebeklebeband und reißt dadurch auch leichter. Er möchte auf keinen Fall, dass in ein paar Wochen die Nachfrage zurückgeht, weil die Kunden feststellen, dass das Klebeband ungenügend ist. Aus diesem Grund entscheidet er sich, das No-Name-Produkt gegen ein Markenprodukt auszutauschen. Eigentlich müsste er einen Euro mehr für das Markenprodukt nehmen, um den gleichen Gewinn zu erzielen. Doch er entscheidet sich, es so günstig zu belassen, um die Kunden nicht zu verschrecken. Eine Woche nachdem das Markenprodukt im Regal steht und alle No-Name-Klebebänder abverkauft sind, gehen die Verkaufszahlen urplötzlich zurück. Verwundert geht Herr Meyer zu seinem Abteilungsleiter und schildert ihm den Rückgang der

Verkaufszahlen. Der Abteilungsleiter antwortet nur trocken: „Das hätte ich Ihnen auch vorher sagen können. Wir haben als einziger Baumarkt in unserer Stadt ein Klebeband, das sich für den Modellbau eignet. Dadurch, dass es so dünn und leicht ist, wird es sehr gerne von den Modellbauern genommen. Es hat eine Weile gedauert, bis sich das verbreitet hat, aber inzwischen sind wir ein Geheimtipp für Modellbauklebeband zu einem sehr fairen Preis."

Hätte Herr Meyer sich im Vorfeld den Kundennutzen vor Augen geführt, so wäre es wohl nicht zum Einbruch der Verkaufszahlen gekommen. Vielmehr hätte er seine Werbung anpassen können und noch weitere Produkte für Modellbauer mit ins Sortiment nehmen können, direkt neben den Klebebändern im Regal.

2.3.2 Unique Selling Proposition (USP)

Hierbei handelt es sich um das Etwas, mit dem Sie sich von der Konkurrenz abgrenzen können – Ihr Alleinstellungsmerkmal. Stellen Sie sich vor, Sie wohnen in einer Straße, in der zwei Dönerimbisse einander direkt gegenüberliegen. In der Regel werden Sie öfter zu dem einen Imbiss gehen als zu dem anderen Imbiss. Gehen wir einmal nicht davon aus, dass es sich um Gewohnheit handelt. Warum also besuchen Sie den einen Laden öfter als den anderen? Wieso gehen Sie Lebensmittel öfter in dem einen Discounter einkaufen als in dem anderen Discounter? Wahrscheinlich würden Sie eine Nachfrage dazu mit folgendem Satz beantworten: „Weil der eine etwas hat, was der andere nicht hat". Und dieses Etwas ist das Alleinstellungsmerkmal. Etwas, das Ihr Produkt von dem der Konkurrenz abgrenzt. Das kann ein ganz realer Unterschied sein, das kann aber auch ein Unterschied im Image des Produkts sein. Auf jeden Fall ist das Alleinstellungsmerkmal ungemein wichtig für den Schutz Ihres Produktes. Denn wenn Ihr Produkt die sogenannten VRIN-Kriterien erfüllt und dazu kann ein Alleinstellungsmerkmal beitragen, genießen Sie einen Wettbewerbsvorteil. Der Ressourcentheorie nach Barney („Firm Resources and Sustained Competitive Advantage", 1991) zufolge lauten die **VRIN Kriterien:**

- **V**aluable – der Wert strategischer Fähigkeiten
- **R**are – nicht für jedes Unternehmen zugänglich
- **I**nimitability – nicht imitierbar
- **N**on-substainable – nicht ersetzbar

Stellen wir uns vor, Sie würden Ihren eigenen Currywurst-Imbiss aufmachen. Sie würden ein Jahr lang um die Welt reisen und die 20 fantastischsten Soßen, die Ihnen auf dieser Reise begegnen, mitbringen. Sie eröffnen ihren Imbiss und stellen jede Soße selbst her, und zwar nach einem Geheimrezept, das nur Sie kennen. Nun könnte gegenüber ein Imbiss aufmachen, der Sie 1:1 kopiert. Doch Ihre Soßen kann er nicht kopieren, weil er das Rezept nicht kennt. Wenn Ihre Kunden nun bei Ihnen sind, weil sie Ihre Soßen, Ihr Alleinstellungsmerkmal, genießen wollen, dann brauchen Sie sich keine Sorgen um die Konkurrenz machen. Denn Sie haben eine wertvolle strategische Entscheidung getroffen (V), das Rezept ist nicht für jedes Unternehmen zugänglich (R), ob es imitierbar ist, hängt vom Rezept ab (I) und ob es ersetzbar ist ebenfalls (N). Ein Alleinstellungsmerkmal kann Sie also in Ihrem Wettbewerbsvorteil unterstützen.

Sie müssen Ihr Alleinstellungsmerkmal kennen. Sie müssen daran feilen, es hegen und pflegen. Sie müssen es weiterentwickeln und sich darüber bewusst sein, dass das die wahre Stärke Ihres Produkts ist. Je besser Sie Ihr Alleinstellungsmerkmal kennen und je einzigartiger es ist, desto besser sind sie vor Kopien geschützt.

Tipp

Wenn Sie wissen möchten, ob Sie ein gutes Alleinstellungsmerkmal haben, dann versetzen Sie sich in die Lage Ihrer Konkurrenz. Stellen Sie sich vor, jemand anderes hätte Ihre Ideen schon verwirklicht, und Sie überlegen nun, wie Sie diese Idee kopieren können. Wenn es Ihnen nicht oder nur sehr schwer gelingt, Ihre eigene Idee zu kopieren, dann haben Sie ein sehr gutes Alleinstellungsmerkmal. Herzlichen Glückwunsch! Wenn Ihnen die Kopie gelingt, dann müssen Sie noch weiter nachdenken!

2.3.3 Den Produktpreis kalkulieren

Der Teufel liegt im Detail und so ist es auch beim Produktpreis. Sie werden unweigerlich vor der Frage stehen: Wie viel kann ich nehmen? Kriege ich mein Produkt für 50 Euro verkauft oder sollten es doch besser 25 Euro sein? Und wie viel muss ich nehmen, damit ich meine Kosten decken kann? So macht es auch einen großen Unterschied, ob Sie Ihr Produkt einkaufen oder selbst herstellen. Wenn Sie selbst produzieren oder bestehende Komponenten zusammenfügen, müssen Sie erst einmal überlegen, was Ihr Produkt in der Herstellung kostet. Das ist dann Ihr Herstellungspreis. Im Weiteren wird auch der Begriff des Einkaufspreises fallen. Im Grunde genommen ist dies der gleiche Preis nur, dass Sie das Produkt nicht selbst herstellen, sondern irgendwo einkaufen.

Den Herstellungspreis berechnen

Beim Herstellungspreis interessieren uns drei Bereiche: Arbeitszeit, Material und Maschinenkosten. Natürlich berechnen Sie ihn nicht für ein einzelnes Produkt. Es bietet sich vielmehr an, mit einem Durchschnittspreis zu rechnen. Denn Sie werden nicht immer gleich lange für die Herstellung benötigen. Manchmal sind Sie schneller und manchmal sind Sie langsamer. Manchmal brauchen Sie vielleicht etwas mehr Material und manchmal gelingt es vielleicht mit etwas weniger Material. Überlegen Sie sich, was im Durchschnitt realistisch ist. Es ist auch durchaus sinnvoll, die Zeit anfänglich mit einer Stoppuhr zu messen und Material sehr detailliert zu berechnen.

Die Frage nach der **Arbeitszeit** lässt sich leicht beantworten. Wie viel Stunden dauert es vom Anfang des ersten Herstellungsschritts bis zum Abschluss des letzten Herstellungsschritts? Gerechnet werden hierbei die Arbeitgeberkosten pro Stunde. Das heißt, die Bruttolohnkosten der Mitarbeitenden plus die Arbeitgeberkosten. (Mehr dazu im Kapital Angestellte). Problematisch wird es dann, wenn Sie selbst diese Arbeiten ausführen, sich aber hierbei keinen Lohn auszahlen. Dann ist es angebracht, sich zu überlegen, wer diese Arbeit noch ausführen könnte und vor allem, was Sie dieser Person bezahlen würden. Sobald Sie diesen Wert haben, können Sie ihn einfach für Ihren eigenen Stundenlohn einsetzen. Wenn hierbei ein erschütternd niedriger Wert herauskommt, sollten Sie überlegen, ob Sie diese Arbeit wirklich selbst ausführen sollten oder ob Sie sie nicht lieber durch jemand anderen ausführen lassen sollten. Sie rechnen also einfach: verbrauchte Stunden x Stundenarbeitgeberkosten.

Als nächstes rechnen Sie die verbrauchten **Materialien** ein. Hierbei sollten Sie so genau wie möglich sein. Aber keine Angst, im Grunde handelt es sich hierbei um einen recht einfachen Schritt.

Als drittes berechnen Sie die **Maschinenkosten.** In Handwerksbetrieben ist es üblich, dies über die Laufzeit (Lebensdauer) einer Maschine zu kalkulieren. Dividieren Sie den Preis, den die Maschine gekostet hat, durch die Stunden, die sie laufen kann, so erhalten Sie die Maschinenkosten pro Stunde. Hierbei ist es sinnvoll, die Wartungskosten sowie die Kosten für Verbrauchsmaterialien (Schleifbänder, Bohrer, Sägeblätter, ...) mit einzuberechnen. Manche Maschinen werden Sie vielleicht stunden- oder tageweise mieten. In diesem Fall ist es einfach, den Preis zu berechnen. Am Ende der Mietzeit rechnen Sie: Maschinenstundenkosten x genutzte Stunden.

Beispiel

Sven möchte Schmuck herstellen. Er hat sich eine eigene Schmucklinie überlegt. Zurzeit berechnet er die Herstellungskosten für eine Halskette. Vom ersten Anfassen der Materialien bis er die fertige Halskette in der Hand hält, vergehen 16 Stunden. Für einen angestellten Goldschmied, der diese Arbeit ausführt würde er 25 Euro pro Stunde Kosten haben. Also zahlt er 400 Euro für die Arbeitszeit. Hinzu kommen Materialien im Gesamtwert von 50 Euro. Er kann die Halskette in seiner eigenen kleinen Werkstatt fertigen. Hierfür braucht er nur einen Dremel. Der Dremel hat einmalig 1.500 Euro gekostet und wird wahrscheinlich um die 1.000 Stunden laufen können, bevor er ausgetauscht werden muss. Wartungskosten fallen in dieser Zeit nicht an. Eine Stunde am Dremel kostet somit 1,50 Euro. Das ergibt bei 15 Stunden insgesamt 24 Euro Maschinenkosten. Das bedeutet 400 Euro Arbeitszeit plus 50 Euro Materialien plus 24 Euro Maschinenkosten, insgesamt also 474 Euro Herstellungskosten für eine Halskette.

Tipp

Hier finden Sie eine Tabelle zur Berechnung der Herstellungskosten für ein Produkt. Die Tabelle ist schnell erklärt und leicht zu benutzen.

Nun kennen Sie die Herstellungskosten für Ihr Produkt, oder Sie kannten vielleicht schon vorher den Einkaufspreis, den Sie vom Zulieferer erfahren haben. Jetzt stellt sich die Frage, für welchen Preis Sie das Produkt verkaufen. Eine Möglichkeit ist, sich hierbei an der Konkurrenz zu orientieren.

Den Marktpreis über die Konkurrenz bestimmen

Wenn Sie davon ausgehen können, dass es ein ähnliches Produkt schon am Markt gibt, so können Sie sich an diesem Preis orientieren. In diesem Fall folgen Sie also einfach der Logik: Wenn Kunden bereit sind, diesen Preis zu zahlen, dann scheint das Produkt ihnen das wert zu sein. Doch ergibt diese Sichtweise nur Sinn, wenn Sie Produkte mit dem gleichen Kundennutzen zum Vergleich heranziehen, die mit Ihrem eigenen Produkt auch möglichst vergleichbar sind. Hierfür sollten Sie die Preise der Konkurrenz in drei Bereiche einteilen: niedrig, mittel, hoch. In der Regel wird die Kundenzahl im niedrigen Preissegment, verglichen mit der im mittleren Preissegment, zunehmen und im hohen Preissegment abnehmen. Bei der Preisgestaltung müssen Sie beachten, dass Sie Ihre Preise nicht zu niedrig oder zu hoch ansetzen. Bei einem zu niedrigen Preis kaufen die Kunden nicht mehr, weil sie der Meinung sind, dass sie für diesen Preis keine vernünftige Qualität erwarten können – der Preis ist unglaubwürdig. Bei einem zu hohen Preis halten die Kunden den Preis als nicht mehr für die Leistung angemessen – der Preis ist ebenfalls unglaubwürdig.

Die Verkäufe finden somit im Hauptpreissegment statt, dort unterteilt nach niedrig, mittel und hoch. Wo sie sich selbst ansiedeln, bleibt vollkommen Ihnen überlassen. Hierbei können Sie nach unterschiedlichen Logiken vorgehen – wie Sie vorgehen, ist unter anderem abhängig von dem Image Ihres Produkts. Sie können sich entscheiden, viele Produkte für einen günstigen

Preis zu verkaufen, wenige Produkte für einen hohen Preis oder eine mittlere Anzahl an Produkten für einen mittleren Preis. Je nach Ihrer Entscheidung müssen Sie sich dann auch mit Ihrem Marketing positionieren.

Beispiel

Sven beschäftigt sich mit den verschiedenen Möglichkeiten, seine Halsketten zu verkaufen. Er hat eine Plattform gefunden, auf der er sie vertreiben kann. Er weiß, dass ihn eine Halskette in der Herstellung 474 Euro kostet. Er berechnet nun seinen Gewinn pro Verkauf mit einem niedrigen, einem mittleren und einem hohen Preis:

niedrig: *Verkaufspreis 500 Euro; geschätzte Verkäufe 100*

mittel: *Verkaufspreis 800 Euro; geschätzte Verkäufe 50*

hoch: *Verkaufspreis 1.500 Euro; geschätzte Verkäufe 10*

Die spannende Frage ist natürlich: Womit macht er am meisten Gewinn?

niedrig: *Gewinn 2.600 Euro*

mittel: *Gewinn 16.300 Euro*

hoch: *Gewinn 10.260 Euro*

Insgesamt macht Sven also beim mittleren Verkaufspreis den meisten Gewinn. Denn hier hat er deutlich mehr Gewinn pro Produkt als beim niedrigen Verkaufspreis und deutlich mehr Kunden als beim hohen Verkaufspreis. Natürlich unterscheiden sich diese Werte bei jedem Produkt und jedem Preis. Für ihn ist der mittlere Preis gegenüber dem niedrigen Preis auch aus dem Grund vorteilhaft, da er die Halsketten selbst herstellt. Für mehr Gewinn ist weniger seiner eigenen Zeit gebunden.

Sie sehen also, warum es so wichtig ist, besonders gut zu recherchieren und sehr sorgfältig auszuwählen, welchen Preis Sie am Ende nehmen.

Der Deckungsbeitrag

Wir haben uns eben schon mit dem einzelnen Gewinn pro Produkt beschäftigt. Leider kann man an dieser Stelle noch nicht von Gewinn sprechen, da Sie hiervon noch weitere Kosten zu decken haben. Nämlich all jene fixen Kosten, die nicht im einzelnen Produkt mit einkalkuliert sind: Miete, Strom, Telefon, Büromitarbeiter, Marketing usw. Diesen Betrag, der zur Deckung der übrigen Kosten gedacht ist, nennt man **Deckungsbeitrag.** Die Berechnung ist einfach:

Umsatzerlös pro Produkt - Kosten pro Produkt = Deckungsbeitrag

Beispiel

Sven verkauft im Monat zehn seiner Halsketten für jeweils 800 Euro. Seine Halsketten kosten in der Herstellung 474 Euro. Die fixen Kosten für Miete, Marketing, Telefon, Strom und Weiteres belaufen sich auf 1.000 Euro im Monat. Sven berechnet als erstes seinen Deckungsbeitrag pro Produkt:

800 Euro Umsatzerlös
- 474 Euro Kosten
= 326 Euro Deckungsbeitrag

Um zu wissen, wie viel Geld er nun zur Verfügung hat, um seine Fixkosten zu decken, rechnet er:

326 Euro Deckungsbeitrag
x 10 verkaufte Halsketten pro Monat
= 3.260 Euro Deckungsbeitrag pro Monat

Somit ist klar, Sven kann seine Fixkosten von 1.000 € pro Monat durch seine Verkäufe decken und macht dann immer noch 2.260 Euro Gewinn.

Die Marge

Eine weitere Möglichkeit einer solchen Berechnung stellt die Marge dar. Die **Marge** ist die sogenannte prozentuale Gewinndarstellung je Leistungseinheit. Oder um es einfacher zu erklären: Die Marge zeigt den prozentualen Deckungsbeitrag pro Produkt an. Auch hier ist die Berechnung einfach:

(Verkaufspreis - Herstellungspreis) / Verkaufspreis = Marge

oder vereinfacht:

Deckungsbeitrag / Verkaufspreis = Marge

Beispiel

Sven möchte nun auch noch seine Marge berechnen:

(800 Euro Verkaufspreis - 474 Euro Herstellungspreis) / 800 Euro Herstellungspreis
= 326 Euro Deckungsbeitrag / 800 Euro Verkaufspreis
= 0,4075 = 40,75 Prozent Marge

Sven weiß nun also, dass er 40,75 Prozent seiner Verkaufspreise zur Verfügung hat, um seine fixen Kosten zu decken.

Tipp

In der späteren Berechnung spielen die Bezeichnungen Netto und Brutto noch eine wichtige Rolle. **Netto** bezeichnet hierbei den Preis ohne Umsatzsteuer. **Brutto** bezeichnet den Preis inklusive Umsatzsteuer. In der Existenzgründung und Unternehmensführung sollten Sie grundsätzlich mit Nettopreisen rechnen. In der Regel sind auch alle Preise, die Ihnen Lieferanten und Dienstleister mitteilen, Netto. Mehr hierzu erfahren Sie im Kapitel Steuern.

Margen unterscheiden sich in den Branchen maßgeblich. So werden Sie mit Lebensmitteln vielleicht eine Marge von ein bis drei Prozent erzielen, während Sie mit Kleidung eine Marge von über 90 Prozent erreichen können. Wenn es möglich ist, versuchen Sie herauszufinden, welche Marge in Ihrer Branche üblich ist. Aber, egal welche Marge die Konkurrenz hat, die wichtigste Frage, die Sie für sich beantworten müssen, lautet: Reicht Ihre Marge (Deckungsbeitrag) aus, um Ihre eigenen Fixkosten zu decken und genug Gewinn zu erwirtschaften?

Preisermittlung mithilfe von Faktoren

Der **Faktor** ist eine Größe, die Ihnen hilft, schnell und unkompliziert Ihren Verkaufspreis zu berechnen. Denn nichts ist schlimmer, als in einer Verkaufsverhandlung zu stehen und nicht zu wissen, welchen Preis Sie verlangen müssen. Der Faktor ist der Multiplikator für Ihren Herstellungs- oder Einkaufspreis, um Ihren Verkaufspreis zu berechnen. Auch diese Berechnung ist einfach:

Einkaufspreis x Faktor = Verkaufspreis

Beispiel

Sven hat sich entschieden, noch einen Ring in sein Sortiment aufzunehmen. Den Ring kauft er ausnahmsweise ein, und zwar für einen Einkaufspreis von 25 Euro. Sven befindet sich in Preisverhandlungen mit einem großen Onlineshop und soll ihnen ein Preisangebot machen. Er selbst möchte mindestens eine Marge von 50 Prozent haben. Er weiß, dass er dafür mit einem Faktor von 2 rechnen muss.

25 Euro Einkaufspreis x 2 = 50 Euro Verkaufspreis

Den Faktor selbst können Sie am besten über die Marge bestimmen. Nehmen wir an Sie wollen immer eine Marge von 50 Prozent auf alle Ihre Produkten haben. Dann wissen Sie, dass Sie Ihren Einkaufspreis mit dem Faktor 2 multiplizieren müssen, um den Verkaufspreis zu bestimmen.

2.3.4 Stundensatz kalkulieren

Wenn Sie keine Produkte verkaufen, werden Sie mit aller Wahrscheinlichkeit eine Dienstleistung verkaufen, die auf einem Stundensatz basiert. Wenn Sie keinen Stundensatz nehmen wollen, der sich an der Konkurrenz orientiert, haben Sie noch die Möglichkeit, Ihren eigenen Stundensatz zu berechnen. Hierfür müssen Sie folgende Überlegungen anstellen, um die nötigen Angaben zur Ermittlung Ihres Stundensatzes zu erhalten:

Arbeitsstunden pro Monat

Hierbei geht es um die Anzahl der Arbeitsstunden, die Sie im Maximalfall pro Monat leisten können – und das über einen Zeitraum von zehn Jahren. Wenn Sie also der Meinung sind, Sie könnten über zehn Jahre hinweg jede Woche 60 bis 70 Stunden arbeiten, dann kann ich Sie vor diesem Fehler leider nicht bewahren. Aber deutlich realistischer ist es, dass Sie im Monat 160 Stunden arbeiten können. Also ungefähr 40 Stunden pro Woche. Und selbst dann ist noch kein Urlaub mit eingerechnet. Hierbei geht es um Ihre persönliche Leistungsfähigkeit, die Sie über einen langen Zeitraum aufrechterhalten können. Wenn Sie durch Ihr Privatleben oder eine Krankheit eingeschränkt sind oder einfach nicht mehr arbeiten wollen, dann wählen Sie einen niedrigeren Wert aus.

In der Regel werden Sie nicht die gesamte Zeit Dienstleistungen erbringen können. Oft fallen noch administrative Aufgaben an und das meistens nicht zu knapp. Wir gehen bei 160 Stunden von einem administrativen Anteil (Rechnungen schreiben, Post, Telefonate, Marketing, Koordination, ...) von 30 bis 50 Stunden aus. Damit ergeben sich Ihre abrechenbaren Arbeitsstunden pro Monat:

  160 Stunden mögliche Arbeitszeit
-   30 Stunden Administration
= 130 abrechenbare Arbeitsstunden

Auslastung

Die Auslastung ist der spannendste Wert. Hierbei geht es darum, wie viele Aufträge Sie erhalten werden, also wie viele Stunden Sie wirklich arbeiten können. Denn wir können nicht davon ausgehen, dass Sie durchgängig mit Aufträgen belegt sind. Wahrscheinlicher ist gerade zu Anfang eine Auslastung von 20 bis 30 Prozent.

Annahme: 20 Prozent Auslastung

Lebensunterhalt

Eine weitere wichtige Messgröße ist Ihr Lebensunterhalt. Wie viel Geld brauchen Sie, um (gut) zu leben? Das wird je nach persönlicher Lebenseinstellung und nach Wohnort deutlich voneinander abweichen. Für unser Beispiel gehen wir von einem Lebensunterhalt in Höhe von 2.000 Euro aus.

Annahme: 2.000 Euro Lebensunterhalt

Rücklagen und Gewinn

Im Laufe Ihrer Selbstständigkeit müssen Sie davon ausgehen, dass Sie Rücklagen brauchen. Für einen defekten Laptop, für einen verursachten Schaden, für Ausfälle, weil ein Kunde nicht zahlt. So oder so brauchen Sie Rücklagen. Das heißt, Sie sollten an jeder Stunde, die Sie arbeiten, noch Gewinn machen, um Rücklagen zu schaffen. Wir rechnen einfach noch einmal mit 20 Prozent für Rücklagen.

Annahme: 20 Prozent Rücklagen

Stundensatz berechnen

Nun können Sie nach dem folgenden Schema Ihren Stundensatz berechnen:

130 abrechenbare Arbeitsstunden x 20 Prozent Auslastung = 26 Arbeitsstunden

2.000 Euro Lebensunterhalt / 26 Arbeitsstunden
= 76,92 Euro Stundenlohn + 20 Prozent Rücklagen
= 92,30 Euro benötigter effektiver Stundenlohn

Tipp

Hier finden Sie eine Tabelle, in der Sie nur noch ihre eigenen Werte einzutragen brauchen. Die Tabelle berechnet Ihren Stundensatz automatisch.

2.3.5 Das Image Ihres Produkts

In diesem letzten Abschnitt zum Produkt geht es um das Image, das Sie mit Ihrem Produkt und damit zumindest zum Teil auch mit Ihrem Unternehmen erzeugen möchten. Ein Image ist schwer aufzubauen, und ein schlechtes Image ist noch schwerer wieder loszuwerden. So oder so müssen Sie sich überlegen, welches Image Ihr Produkt transportieren soll. Sie müssen sich überlegen, ob das zu Ihrem Alleinstellungsmerkmal passt und ob das im Einklang mit Ihrem Kundennutzen ist. Wenn Sie sich als Premium-Dienstleister mit hochwertigen Leistungen positionieren wollen, dann dürfen Ihnen keine groben Fehler passieren. Sie müssen erreichbar sein, herausragenden Service bieten und dürfen den Kunden niemals enttäuschen. Doch passen Sie auf, dass Sie nicht ein Produktimage mit einem Firmenimage verwechseln. Während das Firmenimage das gesamte Unternehmen und oft vor allem dessen Art zu kommunizieren und Konflikte zu lösen betrachtet, bezieht sich das Produktimage wirklich nur auf einzelne Produkte. Das kann die „Cola“ sein, das kein ein „Burger“ einer großen Kette sein, das kann aber auch ein spezielles Handy von einem bestimmten Hersteller sein. Firmenimage und Produktimage werden sich immer gegenseitig beeinflussen und sollten möglichst zueinander passen.

Lesen Sie folgende kleine Geschichte als Beispiel zum Thema Service und Qualität (Firmenimage), das Ihnen hoffentlich weiterhilft:

Beispiel

USA, Kalifornien, Unternehmen Nordstrom – ein hochwertiger Ausstatter mit optimalem Service. Ein älterer Mann kommt aufgeregt in den Verkaufsraum von Nordstrom. Der Filialleiter befindet sich gerade im Kassenbereich. Der ältere Mann spricht den Verkaufsleiter an „Hallo, ich habe bei Ihnen Autoreifen gekauft. Aber es sind die falschen. Sie haben die falsche Größe. Ich möchte sie zurückgeben. Aber ich habe den Beleg nicht mehr.“ Der Filialleiter antwortet „Kein Problem, Sir. Was haben Sie denn für die Autoreifen bezahlt?“ Der ältere Mann antwortet „Ich glaube, das waren 650 Dollar.“ Der Filialleiter lächelt, notiert sich die Summe und zahlt dem Kunden dann den vollen Betrag aus. Danach begleitet er den älteren Mann nach draußen und lädt ihm die Reifen aus dem Kofferraum. Einen Monat später hat der Filialleiter ein Meeting mit seinem Bereichsleiter. Der Bereichsleiter spricht den Filialleiter an: „Ich habe gesehen, dass du eine Gutschrift über 650 Dollar für Autoreifen gemacht hast. Wieso das denn?“. Der Filialleiter lächelt ein wenig amüsiert „Ich weiß, dass wir keine Autoreifen führen und unmöglich welche an einen Kunden verkauft haben können. Aber es standen mindestens zehn Kunden um den Herrn herum, und ich konnte unmöglich sagen, dass er kein Geld zurück bekommen würde, wenn er unzufrieden ist.“

2.4 Die Konkurrenzanalyse – Was machen die anderen?

Nach dem Sie nun genau wissen, was Ihr Produkt kann und was nicht, ist es Zeit, sich der Konkurrenz zuzuwenden. Viele Gründer investieren leider nicht genug Zeit in die Analyse der Konkurrenten, dabei können Sie gerade von Ihren Konkurrenten sehr viel lernen. Für viele Produkte empfiehlt sich ein ganz einfaches Vorgehen: Googlen Sie die Konkurrenz und schauen Sie sich deren Produkte an. Hierbei sind folgende Fragen von übergeordnetem Interesse:

- Hat Ihre Konkurrenz das gleiche Produkt wie Sie?
- Ist das Produkt der Konkurrenz teurer?
- Wenn ja / nein, warum?
- Ist Ihr Produkt besser?
- Wenn ja / nein, warum?
- Hat die Konkurrenz ein größeres Angebot als Sie?
- Kann das Produkt der Konkurrenz etwas, das Ihr Produkt nicht kann?
- Wenn ja / nein, warum?

Im besten Fall drucken Sie sich Übersichten über die Konkurrenzprodukte aus und erstellen damit ein großes Bild, das Ihnen die Konkurrenzlandschaft symbolisiert. Wenn Sie sich eingehend damit befassen, bekommen Sie einen sehr guten Überblick über Ihre Konkurrenten und über die Marktlage.

2.5 Bauen Sie Ihr eigenes Business Model

Business Model ist ein Begriff, der selbst in der florierenden Berliner Startup Szene nur wenig verbreitet ist. Jene, welche sich stark mit Existenzgründung und Entrepreneurship befassen, wissen welche Relevanz ein Business Model hat und wie sich Geschäftsmodell, Business Model und Businessplan voneinander unterscheiden. Doch die breite Masse nutzt den Begriff des Business Models nicht richtig oder hat gar keine Ahnung, dass es so etwas überhaupt gibt.

Der größte Unterschied zwischen Business Model und Businessplan ist die Intention in der Erstellung. Den **Businessplan** erstellen Sie, wenn Sie Geld von einer anderen Stelle (Banken, Arbeitsamt, Fördereinrichtungen, …) haben wollen. Das **Business Model** entwerfen Sie, wenn Sie Ihre eigene Geschäftsidee systematisieren und weiterentwickeln wollen. Der Businessplan ist ein Format, um anderen schnell einen Überblick über die eigene Geschäftsidee zu geben und deren Rentabilität darzustellen. Das Business Model ist, wenn man sich zum Beispiel an Alexander Osterwalder orientiert, eine aus dem Amerikanischen stammende Denkweise oder ein Schema, das Sie auf Ihre eigene Idee anwenden können. Diese neue Sichtweise sollte dazu beitragen, dass Ihre Idee besser durchdacht und konzeptionell stärker ausgearbeitet wird. Demgegenüber steht das sogenannte **Geschäftsmodell,** das eine hierzulande sehr verbreitete Sicht der Dinge transportiert. Denn leider sind viele deutsche Gründer der Meinung, dass die reine Formulierung der eigenen Geschäftsidee in zwei Sätzen schon ein Geschäftsmodell sei. Aus diesem Grund grenze ich Geschäftsmodell (deutsche Sichtweise) vom Business Model (amerikanische Sichtweise) ab.

Das Problem an einer Geschäftsidee ist, dass Sie in der Regel wenig fixiert und zu allgemein gehalten ist. Doch je konkreter die Idee wird, desto besser ist es möglich, sie umzusetzen. Viele Gründer denken, sie bräuchten einen Businessplan, um mit Ihrer Existenzgründung starten zu können. Doch das ist falsch! Einen Businessplan brauchen Sie nur, wenn Sie von jemand anderem etwas wollen (in den meisten Fällen wird das Geld sein) und dieser einen Businessplan von Ihnen fordert. Wenn Sie nur für sich selbst und vielleicht noch für Ihr Team Ihr Geschäftsmodell greifbarer machen wollen, dann brauchen Sie ein Business Model. Alexander Osterwalder führt mit seinem Business Model Canvas die Spitze der Business Model Entwicklung an. Ein Canvas (deutsch „Leinwand") ist eine Art Rahmen, in den Sie Ihre einzelnen Bereiche eintragen. Schnell wird dann aus einer unklaren Idee ein deutliches Bild.

Tipp

Ich empfehle Ihnen, das Buch von Alexander Osterwalder „Business Model Generation: Ein Handbuch für Visionäre, Spielveränderer und Herausforderer" (2011) zu lesen. Dort gibt es auch ein Video sowie einen Link zu einer Website, die Business Model Generation leicht erklären.

Ob Sie sich nun strikt am Canvas von Osterwalder entlang arbeiten, oder ob Sie Ihre eigene Darstellung für ein Business Model wählen, spielt dabei eine eher untergeordnete Rolle. Es geht in erster Linie darum, dass Sie Ihre Geschäftsidee schriftlich fixieren und vor allem auch mit Zahlen versehen. Lassen Sie Ihre Idee real werden. Nehmen Sie die Teile aus Ihrem Kopf und bringen Sie sie zu Papier. Scheuen Sie sich auch nicht vor der Kalkulation. Auch wenn Sie keinen Businessplan entwickeln, sollten Sie eine Kalkulation für die einzelnen Produkte haben sowie einen Umsatzplan, einen Kostenplan und einen Liquiditäts- bzw. Rentabilitätsplan.

2.6 Zielgruppe – Wer kauft Ihr Produkt?

Ihre Zielgruppe sind die Menschen, die potenziell Ihr Produkt/Ihre Dienstleistung kaufen werden. Je genauer Sie Ihre Zielgruppe definieren, desto besser können Sie sie mit Marketingkampagnen ansprechen und desto weniger Geld werden Sie für Nicht-Kunden ausgeben. Doch es ist nicht so einfach, die eigene Zielgruppe korrekt zu benennen. Denn es geht nicht darum, sich einfach nur eine fiktive Gruppe (z. B. Männer zwischen 20 und 40 Jahren) auszudenken. Es geht darum, genau die Gruppe zu finden, die eine besondere Affinität zu Ihrem Produkt auszeichnet – eine homogene Gruppe mit ähnlichem Kaufinteresse. Es gibt eine Vielzahl an Büchern, die sich mit der Thematik der Zielgruppenbestimmung beschäftigen. Alleine zu diesem Thema können Sie mehrere Wochen mit Recherche zubringen.

Es gibt die unterschiedlichsten Möglichkeiten, nach denen Sie Ihre Zielgruppen einteilen können. Dabei macht es einen großen Unterschied, ob Sie im **B2C- (Business to Customer)** oder **B2B- (Business to Business)** Bereich verkaufen. Grundsätzlich werden Kaufentscheidungen in den verschiedenen Gruppen sehr unterschiedlich ablaufen. So kann das Kaufen von Gemüse für den einen Kunden ein wichtiger Teil seiner Diät sein, während ein anderer Kunde hierdurch auf seine Gesundheit achtet, und ein dritter Kunde möchte nur sein Hungergefühl befriedigen. Drei Kunden, ein Produkt, aber drei unterschiedliche Motivationen. Vor allem der Grad der Ich-Beteiligung spielt dabei eine große Rolle. So können wir grundlegend nach Low-Involvement-und-High Involvement-Produkten unterscheiden. Mit dem Kauf einer Tagescreme **(Low Involvement)** ist nur ein geringes Kaufrisiko verbunden, während mit dem Kauf eines Hauses **(High Involvement)** ein besonders großes Kaufrisiko verbunden ist. Möchten Sie Ihre Zielgruppen einteilen, so bieten sich die folgenden Einteilungsmöglichkeiten an:

2.6.1 Kaufverhalten (B2C)

Eine Möglichkeit, Ihre Zielgruppe einzuordnen, ist das Kaufverhalten. Verfügt Ihre Zielgruppe über eine **besondere Preissensibilität** und versucht, nur die günstigsten Produkte am Markt zu erstehen? Oder zeigt Ihre Zielgruppe ein besonders **extensives Kaufverhalten,** unternimmt also intensive Informationssuchen, bevor sie eine Kaufentscheidung trifft. Bei Letzterer wäre es sinnvoll, eine Vielzahl von Informationen zu dem Produkt zu liefern. Weiterhin gibt es Zielgruppen mit **limitiertem Kaufverhalten:** Die Käufer nutzen Vereinfachungsstrategien zum Kaufen und scheuen Komplexität. Bei einem **gewohnheitsmäßigen Kaufverhalten** werden **Routinen** zur Vereinfachung genutzt (z. B. Produkte gekauft, mit denen man gute Erfahrungen gemacht hat) und Sie haben eine immer wiederkehrende Kundengruppe. Vielleicht legt Ihre Zielgruppe auch eher ein **impulsives Kaufverhalten** an den Tag und glänzt durch Spontankäufe. Oder Ihre Zielgruppe sind gerade die Kunden, die immer nach dem Neuem suchen und sich eher durch ein **Abwechslung suchendes Kaufverhalten** auszeichnen.

2.6.2 Demografische Merkmale (B2C)

Die demografischen Merkmale werden oft als erste Orientierung zur Charakterisierung von Zielgruppen herangezogen. Öfter stellt sich bei der Beschäftigung mit den Zielgruppen jedoch heraus, dass die demografischen Merkmale nicht ausreichen, um eine homogene Zielgruppe zu beschreiben. Denn hier charakterisieren Werte wie **Alter, Geschlecht, Familienstand** und **Wohnort** die Zielgruppe.

2.6.3 Sozioökonomische Merkmale (B2C)

Deutlich sinnvoller erscheinen einem da schnell die sozioökonomischen Merkmale wie zum Beispiel **Bildungsstand, Gehalt** und **Beruf.** Doch auch hier gibt es natürlich starke Abgrenzungen innerhalb der Zielgruppe. So werden auch Menschen mit der gleichen Berufsgruppe ein jeweils unterschiedliches Kaufverhalten aufweisen und wahrscheinlich verschiedene demografische Merkmale haben.

2.6.4. Organisatorische Merkmale (B2B)

Betrachten wir den B2B Bereich, lässt sich vieles leichter an Kennzahlen festmachen, da es nicht mehr um Menschen geht, sondern um Organisationen mit harten Zahlen und Fakten. Die organisatorischen Merkmale wie **Unternehmensgröße, Unternehmensstandort, Marktanteile** und Ähnliches lassen sich systematisch erfassen und vor allem leicht messen. Die IHK oder Branchenverbände können hier schnell und einfach Auskünfte über entsprechende Zielgruppen geben.

2.6.5. Ökonomische Merkmale (B2B)

Auch die ökonomischen Merkmale sind Kennzahlen, die sich leicht durch Messungen oder eingekaufte Daten beantworten lassen. Hierunter fallen die **Finanzen,** die **Liquidität, Bestände** und Ähnliches. Manche dieser Daten sind sensibel und nicht mehr so leicht zu erhalten wie die organisatorischen Merkmale. Doch auch hier haben Sie ein Bewertungsraster, das Sie leicht anwenden können.

2.6.6. Kaufverhalten des Unternehmens (B2B)

Auch im Bereich der Unternehmen geht es wieder um das Kaufverhalten. Doch wird dieses durch Prozesse im Unternehmen gesteuert. Wenn wir uns vom Bereich der kleinen Unternehmen entfernen, spielt Impulsivität eine immer geringer werdende Rolle. Hier treffen eher Faktoren zu wie **Lieferantentreue,** der **Kaufzeitpunkt,** weil es sich vielleicht um ein saisonales Geschäft handelt und die **Zusammenführung von Einkaufsstrukturen** innerhalb des Unternehmens.

2.6.7. Merkmale der Entscheidungsträger (B2B)

Am Ende steht auch bei einem Unternehmen eine Person hinter der Kaufentscheidung. Die Personen haben natürlich auch gewisse Merkmale oder Charakteristika. Hier können Aspekte wie **Zeitdruck, Ansehen** im Unternehmen, **Innovationsfreudigkeit** oder **Informationssammlung** eine übergeordnete Rolle spielen. Auch wenn es Ihnen vielleicht gelingt, das Unternehmen richtig anzusprechen, so können Sie am Ende aber doch am Entscheidungsträger scheitern, weil Sie diesen nicht richtig abgeholt haben.

2.6.8. Archetypen / Zielgruppenvertreter

Eine weitere Möglichkeit, sich ein besseres Bild der eigenen Zielgruppe zu verschaffen, sind sogenannte **Archetypen.** Sie versuchen bei der Bildung von Archetypen, alle ergründeten Merkmale in das Bild einer Person einzubringen. In der Regel kreieren Sie so mehrere fiktive Persönlichkeiten, die Ihre (Ideal-) Kunden sind.

Beispiel

Nehmen wir an, Sie wollen einen Service für individuell gefertigte Rasierer anbieten. Dann könnte ein Archetyp / Zielgruppenverteter Klaus sein. Klaus ist 35 Jahre alt und erfolgreicher Consultant. Er arbeitet mehr als 60 Stunden pro Woche. Doch wenn er sich Zeit für etwas nimmt, dann es ist die Rasur am Morgen. Er hat zwar keinen übermäßig starken Bartwuchs, aber die Rasur am Morgen ist ein Ritual, das ihn gut in den Tag starten lässt. Es füllt ihn mit männlicher Kraft. Klaus achtet auch in anderen Bereichen besonders auf sein Aussehen, wie auch auf seine Ernährung. Er ist sozial als starke Säule in unterschiedlichen Gruppen eingebettet und bei seinen Freunden sehr beliebt. Einen individuellen Rasierer würde er sich vor allem deswegen kaufen, weil er sich selbst etwas Gutes tun möchte.

Die eigene Zielgruppe richtig zu beschreiben ist eine Wissenschaft für sich, die höchst individuell für die einzelne Geschäftsidee ist. Doch lassen Sie sich davon nicht abschrecken. Nehmen Sie sich Zeit für diesen Schritt. Sprechen Sie mit potenziellen Kunden, um ein immer konkreteres Bild Ihrer Zielgruppe zu erhalten. Achten Sie auf Gemeinsamkeiten und versuchen Sie stets die Frage zu beantworten, warum diese Menschen Ihr Produkt kaufen würden.

2.7 Firmenname – Der richtige Name kann erfolgsentscheidend sein

Den richtigen Firmennamen zu finden, ist eine Herausforderung für sich. Denn es wird eine Vielzahl an Anforderungen an einen Firmennamen gestellt. Wenn Sie die Namensfindung als Dienstleistung in Anspruch nehmen, so wird man Ihnen das „Naming" für mehrere hundert Euro in Rechnung stellen. Da liegt der Gedanke nah, den Namen schnell und einfach selbst zu finden. Damit sind wir auch schon beim Kern des Problems. So etwas Relevantes wie ein Name sollte weder schnell noch einfach gefunden werden. Zwar gibt es manchmal die richtige Idee und der Namen ist tatsächlich schnell gefunden. Doch das ist nicht der Regelfall. Auch kann man sich mit einem mittelmäßigen oder schlechten Namen arrangieren. Doch besser ist ein guter Name. Denn Sie werden diesen Namen hunderte bis tausende Male in den Mund nehmen. Ihre zukünftigen Mitarbeitenden werden den Namen noch öfter verwenden. Und jeder Ihrer Kunden wird den Namen immer und immer wieder sehen. Da wäre es doch sehr schade, wenn der Name schnell abgenutzt und langweilig wirkt. Hier finden Sie einige Punkte, die Sie bei der Namensfindung beachten sollten:

- **Name des Unternehmers:** Sie wollen sich ein Denkmal bauen, oder es ist in Ihrer Branche so üblich, dass der Name Ihres Unternehmens Ihrem Namen entspricht? Sie wollen das 15. „Autohaus Müller" gründen? Wenn Ihr Name eine Bedeutung hat oder Sie Ihrem Namen eine Bedeutung geben wollen, ist es sinnvoll, den eigenen Namen zu wählen. Wenn Sie eine eigene Marke erschaffen wollen, sollten Sie eher überlegen, einen fiktiven Namen zu wählen.

- **fiktiver Name:** Oft sind es fiktive Namen, die für den Aufbau einer Marke genutzt werden. Beispiele sind Amazon, Ebay, Google oder Pepsi. Natürlich können auch fiktive Namen eine zweite oder versteckte Bedeutung haben. Doch dem Großteil der Kunden erschließt sich diese Bedeutung nicht. Sie nehmen den fiktiven Namen als Eigennamen wahr und verbinden ihn mit der Marke.

- **einfach und merkbar:** Einfache Namen haben den Vorteil, dass sie besonders gut merkbar sind. Oder wissen Sie, wie diese Flugplattform mit den vier o´s heißt? Wenn Sie einen zu komplizierten Namen haben, müssen Sie mehr Geld für Werbung ausgeben, weil Kunden Sie vergessen oder nicht wiederfinden können. Wie oft standen Sie schon da und haben gedacht „Moment, gleich fällt mir der Name wieder ein!" Aber am Ende blieb er doch verschollen.

- **zielgruppengerecht:** Achten Sie bei dem Namen darauf, dass er Ihrer Zielgruppe entspricht. Wenn Sie an Besserverdiener zwischen 50 und 60 Jahren Golfausrüstungen verkaufen wollen, werden Sie mit der Marke „Jo Digger" wohl niemanden ansprechen. Gleichzeitig werden Sie keine Kunden gewinnen, wenn Sie Streetwear für 16- bis 20-Jährige kreieren und diese „silberne Jahre" nennen.

- **beschreibend:** Ein Name kann natürlich auch eine beschreibende Funktion übernehmen. Oft werden hierbei englische Namen gewählt. So können Sie zum Beispiel Ihren Süßigkeitenladen mit dem Namen „Candy Shop" eröffnen oder Ihre Liebesbriefagentur mit dem Namen „Loveletters". Im Deutschen wirken solche Namen oft behäbig und zu lang. Gerade im Bereich der Internetdomains kommen manche Unternehmer auf die verrücktesten Ideen. Ob Sie Ihren Onlineshop für Schrauben wirklich „Alle-schrauben-online.de" nennen sollten, bleibt Ihnen überlassen. Vielleicht würde „Schraubelocker.de" Ihnen eher zusagen? So oder so können beschreibende deutsche Namen leicht zu schwerfällig und zu lang sein, in manchen Fällen jedoch wiederum sehr eingängig.

- **Domain:** In diesem Zusammenhang sollten Sie auch darauf achten, dass Sie sich eine passende Domain für Ihren Firmennamen sichern können. Das war vor zehn Jahren noch deutlich leichter als heute. Viele Domains sind belegt oder zumindest nicht mehr frei verfügbar, sondern müssen von Ihnen für oft horrende Preise gekauft werden. Eine Domain sollte so dicht wie möglich an Ihrem eigentlichen Firmennamen dran sein. Wenn Sie z. B. „Loopster" eröffnen, dann sollte Ihre Domain auch möglichst „Loopster.de" lauten, nicht unbedingt „Loopster-online.de" oder „Loopster24.de". Je weiter Sie sich von Ihrem Firmennamen entfernen, desto schwieriger wird es, die Kunden immer wieder zurück auf Ihre Internetpräsenz zu führen.

- **Google Ranking:** Suchen Sie nach Möglichkeit einen Namen, der nicht mit starken Suchbegriffen konkurriert. Sonst müssen Sie unnötig viel Geld für die Suchmaschinenoptimierung ausgeben, um mit Ihrem eigenen Namen auf dem ersten Platz zu landen.

- **USP / CB:** Sie können überlegen, ob Ihr Firmenname die wichtigsten Aspekte Ihrer Idee wiedergeben sollte. Sie können Ihr Alleinstellungsmerkmal (Unique Selling

Proposition, USP) oder Ihren Kundennutzen (Consumer Benefit, CB) im Namen verwenden. Meistens sind diese Werte schwer in den Namen einzubringen, dann können sie aber einen echten Vorteil bieten. Ein gutes Beispiel ist der „1 Euro Shop“.

- **Bedeutung in anderen Sprachen:** Achten Sie auch stets auf die Bedeutung in anderen Sprachen. Wenn Sie Ihr Produkt erfolgreich in Deutschland verkaufen, kann es sein, dass Sie ins Ausland expandieren wollen. Selbst wenn Sie es heute vielleicht noch gar nicht geplant haben. Und dann stellen Sie auf einmal fest, dass Ihr Firmenname in einem anderen Land ein schlimmes Schimpfwort bedeutet.
- **Assoziationen:** Ähnlich verhält es sich mit den Assoziationen. Manchmal wecken Namen bestimmte Bilder im Kopf, die wir gar nicht gewollt haben. Sprechen Sie, bevor Sie sich auf einen Namen festlegen, mit unterschiedlichen Personen und horchen Sie, was die Menschen sich unter dem Namen vorstellen. Passt Ihnen die Assoziation nicht, müssen Sie weitersuchen.
- **Wortklang:** Der Wortklang hat auch eine nicht zu unterschätzende Bedeutung. Ist es ein weicher oder ein harter Klang? Wirkt der Name nicht mehr, wenn er zu schnell ausgesprochen wird? Empfinden Sie Wärme oder Kälte, wenn Sie den Namen hören? Überlegen Sie sich, was Ihre Kunden für ein Gefühl entwickeln sollen, wenn Sie den Namen hören und versuchen Sie das zu erreichen. Auch hier hilft es wieder, in Ihrem Freundes- und Bekanntenkreis herumzufragen, was der Wortklang Ihres Wunschnamens in ihnen auslöst.

- **No-Gos:** Achten Sie darauf, dass Ihr Name nicht irreführend ist. Bestimmte Bezeichnungen dürfen nur in bestimmten Zusammenhängen genutzt werden. So sind die Begriffe „Bio", „Finanz" und „Institut" nur mit Vorsicht in bestimmten Bereichen zu benutzen. Gleichzeitig dürfen Sie mit Ihrem Namen natürlich keine Rechtsverletzung begehen. Das können bestimmte Begriffe sein, das kann aber auch eine Urheberrechtsverletzung an einer bestehenden Marke sein. Ihr neuer Softdrink „Billiger als Coca Cola" würde Ihnen wahrscheinlich einige Probleme verursachen.

- **Trends:** Zu guter Letzt sollten Sie darauf achten, sich nicht zu sehr an Trends zu orientieren. Trends kommen und gehen. Und wenn ein Trend schon wieder verschwunden ist, wird Ihr Unternehmen noch mit dem Trend-Namen weiterleben müssen. Und das ist in der Regel nicht sonderlich zuträglich für Ihr Unternehmen. Oder könnten Sie sich vorstellen, den Friseur „VoKu-HiLa" zu besuchen, bevor Sie einen Termin beim Bauunternehmen „Asbestbau" haben?

2.8 Urheberrecht, Marken und Patente – wichtige rechtliche Aspekte

In erster Linie muss hier gesagt werden, dass die Regelungen im Urheberrecht sowohl in Deutschland als auch weltweit sehr umfassend und vor allem komplex sind. Wenn Sie sich näher mit Urheberrecht sowie Marken und Patentrecht befassen wollen, so sollten Sie sich entsprechende Fachliteratur zulegen. In der direkten Umsetzung sollten Sie sich nach Möglichkeit die Unterstützung eines Anwalts suchen, der auf diese Rechtsgebiete spezialisiert ist.

Ein Problem der meisten Existenzgründer besteht darin, dass Sie gerade die Art, wie Urheber- oder Markenrechte beschrieben werden, sprachlich nicht verstehen. Deswegen hier in Kürze Beschreibungen der einzelnen Gebiete:

2.8.1 Urheberrecht

Das Urheberrecht regelt das Recht an einem Werk, das Sie geschaffen haben. Geregelt sind die einzelnen Rechtsnormen im Gesetz über Urheberrecht und verwandte Schutzrechte. Für Sie ist es wichtig zu wissen, dass der Urheber eines Werkes immer der Urheber eines Werkes bleibt. Es gibt in Deutschland keine Möglichkeit, das Urheberrecht (zu Lebzeiten) zu verlieren oder abzutreten. Sie können aber anderen Menschen Nutzungsrechte einräumen.

2.8.2 Nutzungsrecht

Gerade für Designberufe spielt das Nutzungsrecht eine übergeordnete Rolle. Als Designer entwerfen Sie zum Beispiel Corporate Designs für andere Unternehmen. Hier verkaufen Sie dem anderen Unternehmen nicht das Corporate Design, sondern die Nutzungsrechte an dem Design. Gleiches gilt für Musiker, Videofirmen, Animationsdesigner und Ähnliche. Diese Nutzungsrechte, die Sie erteilen, können Sie wiederum einschränken: Sie können sie z. B. auf eine bestimmte Zeit oder auf bestimmte Medien beschränken. Es ist auch möglich, sie nur auf bestimmte Länder zu beschränken. Entwerfen Sie z. B. einen Cartoon für einen Zahnpasta-Hersteller, so können Sie ihm die Nutzungsrechte für 20 Monate in allen Medien in Deutschland verkaufen. Möchte der Zahnpasta-Hersteller diesen Cartoon nun im Ausland zeigen, so muss er diese Nutzungsrechte erneut von Ihnen kaufen.

Gleiches gilt natürlich auch umgekehrt. Wenn Sie einen Designer damit beauftragen, ein Logo für Sie zu entwickeln, so erhalten Sie ein Nutzungsrecht. Achten Sie sehr genau darauf, was dieses Nutzungsrecht alles beinhaltet. Interessant ist auch, ob Sie das Nutzungsrecht an Dritte veräußern dürfen. Wenn Sie das nicht dürfen, kann es z. B. Probleme bei einem Verkauf des Unternehmens geben.

2.8.3 Verletzung des Urheberrechts

Den Bereich der Urheberrechtsverletzung können wir aus zwei Blickwinkeln betrachten: Sie verletzen fremdes Urheberrecht oder Ihr Urheberrecht wird verletzt. Wenn Sie zum Beispiel bei einem Konkurrenten ein Online-Lexikon zu Ihrem Themenbereich sehen, so könnten Sie auf die Idee kommen, dieses 1:1 zu kopieren. Damit aber würden Sie das Urheberrecht des anderen verletzen. Umgekehrt werden Ihre Urheberrechte verletzt, wenn jemand anderes einfach aus Ihren Publikationen kopiert. Meistens bleibt Ihnen in diesem Zusammenhang nur noch der Gang zum Anwalt und in letzter Instanz eine gerichtliche Entscheidung.

2.8.4 Markenrecht / Patentrecht

Das **Markenrecht** gibt Ihnen die Möglichkeit, Ihre eigene Marke schützen zu lassen. Das kann eine Wortmarke sein, eine Wort-/Bildmarke, eine Hörmarke, eine Farbmarke oder eine Geruchsmarke. Darüber hinaus gibt es noch eine Vielzahl weiterer Marken. Natürlich können Sie auch ein **Patent** auf ein bestimmtes Produkt oder auf ein bestimmtes Verfahren beantragen. Beides findet beim Deutschen Patent- und Markenamt (www.dpma.de) statt. Hier haben Sie auch die Möglichkeit, sogenannte Gebrauchsmuster und Geschmacksmuster zu beantragen. Ein **Geschmacksmuster** bezieht sich auf Designschutz für Form- und Farbgestaltungen, bietet also Schutz für Ihr Produktdesign. Erfinden Sie also einen Tacker mit einem speziellen Design, so würden Sie ein Geschmacksmuster beantragen.

Das **Gebrauchsmuster** hingegen bezieht sich auf technische Erfindungen und deren Funktion. Hierbei spielt das Design des Tackers keine Rollen. Entwickeln Sie aber ein neues Verfahren, wie der Tacker die Tackernadeln verarbeitet, so würden Sie hierfür ein Gebrauchsmuster anmelden.

Tipp

Auf der Seite des Deutschen Patent- und Markenamtes finden Sie unterschiedliche Broschüren zu Geschmacksmustern, Marken, Gebrauchsmustern und Patenten. Zusätzlich habe ich Ihnen einige passende Videos zusammengestellt.

2.9 Finanzierung, Kredite und Förderungen – Woher bekommen Sie Geld?

2.9.1 KfW-Gründercoaching

Das KfW-Gründercoaching ist eine Fördermöglichkeit, bei der Sie nicht Geld sondern Know-how erhalten. Ihnen wird ermöglicht, sich von einem Gründercoach während der Existenzgründung begleiten zu lassen. Das bietet Ihnen den Vorteil, dass Sie die Zahl an Fehlern, die Sie am Anfang machen werden, wahrscheinlich deutlich reduzieren können. Diese Maßnahme hilft Ihnen somit, Ihr Risiko maßgeblich zu senken. Und sie bietet noch einen besonders großen Vorteil, den viele Gründer auf den ersten Blick außer Acht lassen: Sie haben jederzeit jemanden an der Hand, den Sie zu allen wichtigen Themen befragen können. Der Beistand eines Coaches kann also einen außerordentlich positiven Effekt auf Ihre Existenzgründung haben. Denn der Coach hilft Ihnen stets, in der Spur zu bleiben und sich nicht in Gründungsdetails zu verlieren.

Tipp

Im Kapitel „Aufbauphase“ finden Sie nähere Informationen zum KfW-Gründercoaching.

2.9.2 Finanzierung

Viele Existenzgründer stehen vor dem großen Fragezeichen der Finanzierung. Wenn Sie nicht durch Zufall eine größere Summe zur Verfügung haben, die Sie in Ihre eigene Existenzgründung investieren können, werden Sie sich ebenfalls mit diesen Fragen beschäftigen müssen: Wie viel Geld brauche ich? Wo bekomme ich das Geld her?

Grundsätzlich haben Sie unterschiedliche Möglichkeiten zu berechnen, wie viel Kapital Sie brauchen. Die einfachste Möglichkeit ist, einen Liquiditätsplan anzulegen und diesen mit dem Kontostand zu verbinden. Sie können dann aus dem Plan ablesen, ob Ihr Konto ins Minus fällt und wie hoch das Minus ist, das Sie ausgleichen müssen. Hierfür müssen Sie allerdings einen Umsatzplan, einen Kostenplan sowie einen Liquiditätsplan anlegen. Das sollten Sie jedoch für Ihre Existenzgründung in jedem Fall machen, da Sie nur so abschätzen können, ob Ihre Unternehmung rentabel sein kann.

2.9.3 Eigenkapital

Als Eigenkapital wird all jenes Geld bezeichnet, das Sie selbst einbringen. Das kann in Form von echtem Geld geschehen, es kann sich aber auch um Sachwerte handeln. Vielleicht haben Sie noch eine Maschine oder ein Auto, das Sie mit in die Existenzgründung einbringen können. Das wäre dann Ihr Eigenkapital in Form von Sachwerten.

2.9.4 Fremdkapital

All das Geld, das nicht von Ihnen, sondern von anderen kommt, wird als Fremdkapital bezeichnet. Es gibt die unterschiedlichsten Quellen, aus denen Sie Fremdkapital beziehen können. Ob Ihnen jemand Geld gibt, hängt immer von dem damit verbundenen Risiko ab. Je höher das Risiko, desto geringer ist die Wahrscheinlichkeit, dass Sie Geld von jemandem erhalten. Stellen Sie sich vor, Sie hätten eine passende Summe für Ihre Idee zur Verfügung. Würden Sie als Dritter dann in Ihre eigene Idee investieren?

2.9.5 Private Darlehen

Immer dann, wenn Sie Geld direkt von einer anderen Person beziehen, handelt es sich um ein privates Darlehen. Die Bezugsquelle kann Ihre Familie sein, aber auch Freunde oder eine dritte Privatperson, die dann auch Investor genannt wird. Es empfiehlt sich, die Bedingungen für das private Darlehen schriftlich festzuhalten. Sie können auf bestehende Vertragsmuster zurückgreifen oder sich bei einem Anwalt einen privaten Darlehensvertrag entwerfen lassen. Sie sollten allerdings auf keinen Fall auf einen Vertrag verzichten, auch wenn es sich nur um kleine Summen innerhalb der Familie handelt. Der Vertrag gibt beiden Parteien die Möglichkeit, sich an einem gemeinsamen Rahmen zu orientieren. Ohne Vertrag kommt es oft zu unterschiedlichen Interpretationen, was die Höhe der Rückzahlung angeht oder die Laufzeit des Vertrags.

Tipp

Achten Sie darauf, dass Sie im Vertrag die folgenden Themen geklärt haben: Höhe des Darlehens, Zeitraum der Rückzahlung, zu zahlende Zinsen und Auflösung des Vertrags.

2.9.6 Hausbank

In der Regel die erste Anlaufstelle für ein Darlehen, wenn es nicht genug Geld im Familien- und Freundeskreis gibt, ist die Hausbank. Also die Bank, bei der Sie Ihr Girokonto haben. Vereinbaren Sie einen Termin mit ihrem Berater und stellen Sie Ihre Idee vor. Ihr Berater wird dann einen Businessplan oder zumindest ein Business Model sehen wollen, also eine kalkulatorische Grundlage, aus der zu erkennen ist, wie viel Umsatz Sie bei welchen Kosten haben und vor allem, ab wann Ihre Idee rentabel wird. Letzteres heißt konkret, ab wann Sie Gewinn machen werden, wie hoch dieser Gewinn ist und ob die Entwicklung konstant anhält. Eine Hausbank wird Sie in der Regel nur finanzieren, wenn Sie mindestens 20 bis 30 Prozent Eigenkapital mitbringen, Ihre Gewinn und Umsatzerwartungen realistisch sind und die Idee auch über einen langen Zeitraum rentabel wirkt.

Tipp

Hier finden Sie einen Artikel über die häufigsten Fehler, die in Businessplänen vorkommen.

2.9.7 KfW-Startgeld

Wenn Sie unter dem Problem leiden, dass Sie die 20 bis 30 Prozent Eigenkapital nicht stellen können, bietet es sich an, auf das KfW-Startgeld zurückzugreifen. Generell sollten Sie überlegen, das Startgeld zu nutzen, denn es bietet einige unverkennbare Vorteile:

- ab 2,99 Prozent effektiver Jahreszins
- Finanzierung nahezu aller Vorhaben in vollem Umfang
- kein Eigenkapitalanteil notwendig
- leichter Zugang zum Kredit durch 80 Prozent Haftungsfreistellung Ihrer Bank; die KfW-Bank tritt für Ihre Haftung, den Kredit zu zahlen, ein
- auch für Selbstständige im vorläufigen Nebenerwerb; Nebenerwerb bedeutet, dass Sie die Existenzgründung nebenbei und nicht als Hauptberuf betreiben

Sie haben also die Möglichkeit, einen Kredit zu erhalten, bei dem das Risiko von der KfW getragen wird. Wenn Ihre Existenzgründung erfolgreich verläuft, müssen Sie die volle Summe an die

Bank zurückzahlen. Sollten Sie jedoch ins Straucheln geraten und sollte sich Ihr Existenzgründungsvorhaben nicht so entwickeln wie geplant und Sie daher den Kredit nicht zurückzahlen können, so übernimmt die KfW das Ausfallrisiko.

Wie auch beim Hausbank-Darlehen werden Sie sich an die Bank Ihres Vertrauens wenden und dort einen ersten Beratungstermin vereinbaren. Im Beratungstermin werden Sie Ihre Idee vorstellen und erklären, dass Sie das KfW-Startgeld nutzen wollen. Der Berater sollte dann mit Ihnen klären, welche Formalitäten notwendig sind, um das Startgeld zu erhalten.

Tipp

Ich habe für Sie weiterführende Informationen zum KfW-Startgeld zusammengestellt.

2.9.8 Dispositionskredit

Die für Sie teuerste, aber manchmal am leichtesten zu erhaltende Variante ist der sogenannte Dispositionskredit, kurz Dispo oder Dispo-Kredit. Wahrscheinlich werden Sie Ihr Konto schon einmal überzogen haben und vom Dispositionskredit Gebrauch gemacht haben. Der Dispo-Kredit richtet sich nach der Höhe Ihrer Einkünfte. Wenn Sie sich also ein Konto für die Zahlungseingänge Ihrer Kunden anlegen, werden Sie über regelmäßige Eingänge verfügen. Die Höhe dieser Eingänge bestimmt die Höhe Ihres Dispo-Kredits. Als Faustregel können Sie davon ausgehen, dass Sie so viel Kredit bekommen, wie Sie jeden Monat an Eingängen haben. Das einzige Problem ist, dass dieser Kredit extrem teuer ist. So zahlen Sie je nach Konto zwischen 10 Prozent und 14,25 Prozent für die Kontoüberziehung, bei schlechter Bonität des Kunden sogar bis 15,32 Prozent (vgl.

test.de). Gerade wenn man das in Relation zu den 2,99 Prozent des KfW-Startgelds setzt, wird einem bewusst, wie hoch doch die Mehrkosten durch Inanspruchnahme eines Dispo-Kredits sind.

Beispiel

Sven ist sich darüber bewusst geworden, dass er zumindest einen Teil seiner Investitionen finanzieren muss. Wahrscheinlich wird er 10.000 Euro benötigen. Im ersten Moment hat er darüber nachgedacht, seinen Dispositionskredit auszureizen. Hier würde er einen effektiven Jahreszins von 12 Prozent bezahlen, das bedeutet, er würde in einem Jahr 1.200 Euro Zinsen zahlen. Wahrscheinlicher ist, dass er das KfW-Startgeld nutzt. Denn hier werden es im Jahr nur 299 Euro Zinsen sein. Also 901 Euro weniger.

2.9.9 Crowdfunding

Eine weitere Möglichkeit, die immer mehr die Aufmerksamkeit der breiten Masse auf sich zieht, ist das so genannte Crowdfunding oder manchmal auch als Crowdinvesting bezeichnet. Sie stellen Ihre Geschäftsidee online vor und finden eine Reihe von Menschen, die sich für Ihre Idee begeistern können und Ihnen Geld geben wollen. Der oft sehr positive Nebeneffekt ist, dass Sie sehr viel Aufmerksamkeit auf sich und Ihre Geschäftsidee lenken. Plattformen wie Startnext verfügen inzwischen über mehr als 100.000 User, die Ihre Idee dann zu Gesicht bekommen würden. Beim Crowdfunding gibt es die drei folgenden Modelle:

Sponsoring

Auf Sponsoring-Plattformen stellen Sie Ihre Idee vor, und andere Menschen schenken Ihnen Geld, damit Sie Ihre Idee verwirklichen können. In der Regel bieten Sie allerdings eine Gegenleistung an. Oft werden hierdurch Produkte gestartet, die so im Vorfeld ihre Kunden finden. Würden Sie ein Brettspiel anbieten, so könnten Sie sich 30 Euro von jedem Fan schenken lassen und würden ihm als Dankeschön das Spiel zuschicken, sobald es fertig produziert ist.

Kredit

Auf bestimmten Plattformen erhalten Sie zeitlich begrenzte Darlehen von einer Vielzahl an Menschen. Der Vorteil hierbei ist, dass sich die Menschen in Gruppen zusammenschließen und so der Einzelne auch mit kleinen Summen ab 250 Euro in Ihr Projekt einsteigen kann. Sie hingegen müssen sich aber nicht mit dem Einzelnen auseinandersetzen, sondern nur mit der Gruppe der Kreditgeber.

Anteile

Die dritte Möglichkeit ist, dass Sie Anteile an Ihrer Geschäftsidee abgeben. Hierfür müssen Sie natürlich eine Firmenform gewählt haben, bei der Sie Anteile verkaufen können, wie zum Beispiel die GmbH. Sie geben also eine zukünftige Gewinnerwartung ab und errechnen damit, was ein Anteil wert sein wird. Dann geben Sie an, welchen Betrag Sie für einen Anteil bekommen möchten und andere können Ihnen dann über die Plattform Anteile an Ihrem Vorhaben abkaufen. Auf diese Weise nehmen Sie Partner ins Boot.

Tipp

Ein nicht zu unterschätzender Nebeneffekt am Crowdfunding ist die plötzliche Aufmerksamkeit, die sie genießen. So kann es sein, dass plötzlich 100.000 Menschen mehr von Ihrer Geschäftsidee wissen. Überlegen Sie sich selbst, was Sie das an Marketing kosten würde. Eine Liste mit Crowdfunding Plattformen finden Sie hier.

2.9.10 EXIST-Gründerstipendium

Das EXIST-Gründerstipendium ist für Studierende, wissenschaftliche Mitarbeiter und Absolventen (nicht länger als fünf Jahre nach Studienabschluss) gedacht. Sie erhalten eine beachtliche Fördersumme, um sich mit Ihrer Geschäftsidee auseinanderzusetzen und einen eigenen Businessplan zu entwickeln. Sie können sich zu diesem Zweck auch in Gründerteams mit maximal drei Personen zusammenschließen.

Um die Förderung zu erhalten, müssen Sie ein paar Bedingungen erfüllen: Zum einen dürfen Sie Ihr Unternehmen noch nicht gegründet haben. Zum anderen werden nur Existenzgründungen gefördert, die eine technische Produkt- oder Prozessinnovation oder neuartige innovative Dienstleistungen zum Gegenstand haben also innovative Gründungsideen mit nachhaltigen wirtschaftlichen Erfolgsaussichten. Sie reichen Ihre Geschäftsidee bei der Hochschule in Form eines Ideenpapiers ein, und Ihr Vorhaben muss durch einen Mentor aus der Hochschule betreut werden.

Die Förderung findet für ein Jahr statt. Sie erhalten personengebundene monatliche Stipendien in Höhe von 2.500 Euro für Promovierte, 2.000 Euro für Absolventen und Absolventinnen, 800 Euro für Studierende. Zusätzlich erhalten Sie Sachmittel: bei Einzelgründungen bis zu 10.000 Euro und bei Teamgründungen bis zu 17.000 Euro. Beratungsleistungen werden mit bis zu 5.000 Euro gefördert. Sollten Sie Kinder haben, so erhalten Sie einen Kinderzuschuss von 100 Euro pro Kind pro Monat. Je nach Universität erhalten Sie noch einen kostenfreien Arbeitsraum sowie die Möglichkeit zur Benutzung der Werkstätten, Laboratorien, Rechenzentren und sonstiger Einrichtungen und Ressourcen der Hochschule.

Tipp

Auch hier habe ich für Sie noch einmal Informationen zum EXIST Gründerstipendium zusammengestellt.

2.9.11 Förderdatenbank

Die Förderdatenbank ist Ihre allgemeine Anlaufstelle des Bundesministeriums für Wirtschaft und Technologie, wenn es um Förderungen geht. Hier haben Sie die Möglichkeit, eine Schnellsuche durchzuführen oder den sogenannten Förderassistenten zu nutzen, eine schrittweise Abfrage, die Sie zur richtigen Förderung führt.

Ob Sie eine Förderung am Ende wirklich erhalten, hängt von Ihren Anträgen und Ihrer Idee ab. Auf jeden Fall lohnt es sich, dass Sie sich ein paar Stunden mit diesem Thema beschäftigen, wenn Sie dadurch die Chance auf eine Förderung haben.

Tipp

Hier finden Sie alle Informationen zur Förderdatenbank.

2.10 Der Businessplan – von der Idee zum Konzept

Der Businessplan ist ein Medium, um anhand von Annahmen und Schätzungen die eigene Geschäftsidee darzustellen. Der Businessplan dient dazu, die eigene Idee zu Papier zu bringen, Sie umfassend zu betrachten und zu reflektieren. Sie sind gezwungen, ein in sich stimmiges Konzept aufzubauen, um Ihren Businessplan bei einer Bank, Investoren, dem Arbeitsamt oder einer anderen Stelle zu präsentieren, die Ihnen Geld oder irgendeine andere Art von Zuwendung geben soll.

Sie selbst brauchen keinen Businessplan. Sie brauchen die *Erkenntnisse,* die mit der Erstellung eines Businessplans verbunden sind. Sie brauchen die *Reflexion Ihrer Idee.* Und es ist wichtig, dass Sie Ihr Vorhaben zu Papier bringen. Es ist weiterhin sehr wichtig, dass Sie die großen Kalkulationen durchführen. Doch das können Sie alles auch mit einem Business Model machen. Grundsätzlich sieht es so aus: Brauchen Sie Geld, zum Beispiel von einer Bank, so benötigen Sie einen Businessplan. Gründen Sie unabhängig, so ist ein Business Model das Pferd, auf das Sie setzen sollten. Aber auch wenn Sie einen Businessplan aufstellen, um ihn bei den interessierten Investoren zu präsentieren, rate ich Ihnen dringend, vorher ein Business Model zu erstellen. Denn so werden Sie Ihren Blick nicht nur auf die Präsentation der Zahlen (Businessplan) stützen, sondern an Ihrem ganzen Konzept arbeiten (Business Model).

2.10.1 Aufbau des Businessplans

Anders als bei vielen anderen Dokumenten, gibt es keine feste Form oder gar irgendeine DIN-Norm, welche die Struktur des Businessplans regelt. Grundsätzlich kann ein Businessplan jede Form haben, die Sie ihm geben wollen. Trotzdem gibt es einen stillen Konsens darüber, was alles in einen Businessplan gehört, und diese Anforderungen sollte er auch bei der Vorlage bei Banken erfüllen, wenn Sie Geld haben wollen. Deswegen empfiehlt es sich, dass Sie sich an bestehenden Formaten orientieren. Das Bundesministerium für Wirtschaft und Technologie (BMWi) bietet hier, genauso wie die Industrie und Handelskammer (IHK), einige Hilfestellungen.

Tipp

Auf der Seite des BMWi finden Sie eine Vielzahl an Hilfestellungen rund um den Businessplan und die Existenzgründung. So zum Beispiel in der Publikation GründerZeiten 07 eine Übersicht, was alles in den Businessplan gehört. Das BMWi bietet Ihnen sogar einen Businessplaner, ein Computerprogramm, in dem Sie nur noch Ihre eigenen Werte und Texte eintragen müssen, um einen fertigen Businessplan zu erhalten.

Die IHK bietet Ihnen ebenfalls jede Menge Hilfestellungen. Auf der Seite der IHK München finden Sie eine gute Vorlage für einen Businessplan. Auf der rechten Seite unter „Downloads“ eine pdf-Datei für den Text und eine Exceldatei für die Kalkulation.

Anhand des BWMi-Formats erhalten Sie eine kurze Übersicht über die wichtigsten Punkte des Businessplans.

Executive Summary / Zusammenfassung

Die Executive Summary ist die kurze und knackige Zusammenfassung in der alles Wichtige geliefert wird. Sie beschreiben sich, Ihr Vorhaben, den Markt sowie die wichtigsten Zahlen zu Umsatz, Kosten, Rentabilität und dem benötigten Kapital. Oft ist dieser Teil vom Businessplan der einzige, der gelesen wird.

Schreiben Sie eine schlechte Zusammenfassung, wird sich der zuständige Berater den Rest gar nicht mehr anschauen. Ist Ihre Zusammenfassung spannend, gut geschrieben, stimmig und weist gute Zahlen auf, so werden Sie den Leser wahrscheinlich für mehr begeistern können.

Gründerperson/-en

In diesem Teil erfassen Sie alles, was Sie als Gründerperson betrifft. Warum sind Sie für Ihre Idee besonders qualifiziert? Welche Vorkenntnisse bringen Sie mit? Welche Branchenkenntnisse haben Sie? Über welche kaufmännischen Kenntnisse verfügen Sie? Welche Stärken haben Sie? Wo liegen Ihre Defizite?

Es geht darum, dass Sie sich gut verkaufen, aber stets bei der Wahrheit bleiben. Gehen Sie auch mit Ihren Schwächen ehrlich um. Aber schreiben Sie auch in den Businessplan, wie Sie diese Schwächen ausgleichen werden. Sie können nur schwer mit Zahlen umgehen? Dann suchen Sie sich einen Partner, der das kann. Sie haben keine Ahnung von Marketing? Dann planen Sie von Anfang an einen professionellen Dienstleister ein.

Produkt / Dienstleistung

Wie funktioniert Ihr Produkt? Was zeichnet Ihr Produkt aus? Was ist das Alleinstellungsmerkmal? Was ist der Kundennutzen? Ist Ihr Produkt schon für den Verkauf bereit oder befinden Sie sich noch mitten in der Entwicklung? Wie können Sie das Produkt vermarkten? Gibt es gesetzliche Formalitäten, die für das Produkt erfüllt werden müssen? Welche anderen Voraussetzungen müssen für den Start vielleicht noch erfüllt werden?

Versuchen Sie, Ihr Produkt von allen Seiten zu beleuchten. Für die Lesenden muss sich ein Gesamtbild ergeben. Ohne das Produkt oder die Dienstleistung jemals gesehen zu haben, sollte er oder sie es sich mit geschlossenen Augen vorstellen können – mit allen Vor- und Nachteilen.

Marktübersicht

In der Markübersicht geht es um Ihre Kunden, Ihre Konkurrenz und den Standort, wenn Sie denn einen haben werden. Sie müssen sich überlegen, wo Sie Ihre Kunden finden, wer Ihre Kunden sind und wie Sie sie ansprechen können. Welche Probleme oder Bedürfnisse haben Ihre Kunden? Haben Sie vielleicht sogar schon Referenzkunden, die Sie nennen können?

Wer sind Ihre Konkurrenten? Bieten diese ähnliche Produkte an? Was ist der Unterschied zwischen Ihrem Produkt und dem der Konkurrenz? Wie verhält sich der Preis der Konkurrenz im Vergleich zu Ihrem Preis? Was sind die größten Stärken und Schwächen Ihrer Konkurrenz? Wie werden Sie damit umgehen? Welche Schwächen hat Ihr Unternehmen gegenüber Ihrer Konkurrenz? Wie werden Sie diese Schwachstellen ausgleichen?

Wenn Sie einen Standort haben: Wieso haben Sie gerade diesen gewählt? Wo befindet sich dieser Standort? Welche Nachteile hat der Standort? Wie können Sie diese Nachteile ausgleichen? Wie wird sich der Standort zukünftig entwickeln?

Marketing

Das ist der Part, der den meisten Existenzgründern schwer fällt. Haben Sie eine Preisstrategie? Warum haben Sie sich für diesen Preis entschieden? Präsentieren Sie die Kalkulation Ihres Produktpreises. Überlegen Sie sich, welche Marketingmöglichkeiten Sie haben. Berechnen Sie die Kosten dafür. Berechnen Sie auch die Marketingkosten, die für jedes einzelne Produkt entstehen. Betrachten Sie dann die einzelnen Marketingkanäle und berechnen Sie auch hier für jede Möglichkeit, die Sie einsetzen wollen, die einzelnen Kosten. Stellen Sie die möglichen Erfolgschancen, also die Verkaufszahlen und den Umsatz dar.

Unternehmensorganisation / Personal

Welche Rechtsform werden Sie gründen? Ein Gewerbe (Einzelperson), eine UG, eine GmbH oder wollen Sie doch eher eine freiberufliche Tätigkeit ausüben? Werden Sie Ihr Unternehmen auf eine bestimmte Art und Weise organisieren? Beginnen Sie mit mehreren Festangestellten, nutzen Sie ausschließlich Praktikanten oder arbeiten Sie vielleicht gar nicht mit Angestellten, sondern ausschließlich mit externen Dienstleistern? Wofür sind Sie selbst zuständig, und wie werden Sie das Controlling von Aufgaben gestalten, die Sie weggeben?

Chancen und Risiken

In diesem Teil des Businessplans empfiehlt es sich, eine sogenannte SWOT Analyse durchzuführen. SWOT steht für Strength (Stärken), Weaknesses (Schwächen), Opportunities (Chancen) und Threats (Risiken). Sie betrachten die Stärken und Schwächen Ihrer Geschäftsidee. Gleichzeitig betrachten Sie den Markt und schauen sich die Chancen an, die dort entstehen und betrachten die Risiken, die es am Markt gibt und die Ihre Geschäftsidee bedrohen könnten.

Tipp

Die SWOT Analyse ist ein mächtiges Hilfsmittel für Ihre Existenzgründung. In einem kurzen Video finden Sie die Vorgehensweise ausführlich erklärt.

2.10.2 Finanzierung

Während Sie den vorausgehenden Teil hauptsächlich im Prosatext präsentiert haben, kommt es hier auf harte Zahlen und Fakten an. Natürlich werden Sie erst einmal die wichtigsten Zahlen in einen Text eingebunden präsentieren. Doch jede Person, die Ihnen Geld geben soll, wird sich sofort auf die relevanten Pläne stürzen. Die meisten Businesspläne beinhalten eine Kalkulation zu Ihren Lebenshaltungskosten, einen Umsatzplan, einen Kostenplan, einen Liquiditätsplan, einen Rentabilitätsplan, einen Kapitalbedarfsplan und einen Finanzierungsplan.

Lebenshaltungskosten / Unternehmerlohn

In diesem Teil erfassen Sie alle privaten Kosten, die Sie haben werden. Miete, Strom und Telefon gehören genauso in diesen Bereich wie der Lebensunterhalt für Ihre Kinder, Kosten für Sport und Kleidung sowie private Weiterbildungen.

Umsatzplan

Der Umsatzplan gibt Ihre erwarteten Umsätze wieder. Alle Kalkulationen basieren in der Regel auf den nächsten zwei bis fünf Jahren nach der Existenzgründung. Sie können natürlich einen geschätzten Wert für Ihren monatlichen Umsatz eingeben. Deutlich besser ist es, wenn Sie den Umsatz für jedes einzelne Produkt, für jeden Auftritt oder für jeden Workshop kalkulieren. Das Wie hängt auch davon ab, was Ihre Produkte sind und wie Sie Umsatz machen. Sie werden z. B. einen Onlineshop eröffnen und planen drei Produkte? Dann berechnen Sie für jeden Monat wie viel Sie von jedem einzelnen Produkt verkaufen werden und wie viel Umsatz das einzelne Produkt bringt. Wenn Sie eine Dienstleistung verkaufen, dann überlegen Sie sich, wie viel Umsatz eine einzelne Stunde bringt und wie viel Stunden Sie verkaufen können.

Kostenplan

Der Kostenplan gliedert sich üblicherweise in fixe und variable Kosten. **Fixe Kosten** sind all jene Kosten, die jeden Monat gleich bleiben, wie zum Beispiel die Miete. **Variable Kosten** hingegen ändern sich jeden Monat oder treten vielleicht nur einmalig auf. Hinzu kommen noch die Kosten, die Sie für jedes einzelne Produkt haben – oft ein Teil der variablen Kosten. Vielleicht haben Sie Fahrtkosten für jede Stunde Ihrer Dienstleistung, die Sie verkaufen. Oder wenn Sie Produkte verkaufen, müssen diese eingekauft oder hergestellt werden. Die Mengen müssen natürlich auf Ihren Umsatzplan abgestimmt sein. Sie können schwerlich mehr Produkte verkaufen als Sie eingekauft haben.

Liquiditätsplan

Der Liquiditätsplan betrachtet das, was auf Ihrem Konto und in Ihrer Kasse passiert. Es geht also um den realen Geldfluss. Hier spielen Ihre Umsätze und Ihre Kosten eine wesentliche Rolle, die im Zusammenhang mit Ihrem Konto und Ihren Barmitteln betrachtet werden. Anhand des Liquiditätsplans können Sie ablesen, ob Sie in allen Phasen der Existenzgründung genug Geld zur Verfügung haben, um allen Ihren Verpflichtungen nachzukommen. Anders gesagt, Sie können anhand des Liquiditätsplans absehen, wann Ihr Konto ins Minus rutscht.

Rentabilitätsplan

Anhand des Rentabilitätsplans wird geprüft, ob sich Ihre Geschäftsidee lohnt, ob sie also rentabel ist. Es geht darum, welchen Gewinn Sie in einer bestimmten Zeit erzeugen. Werden Sie nach zwei Jahren 10.000 Euro Gewinn erwirtschaftet haben? Oder stecken Sie nach fünf Jahren immer noch tief in den roten Zahlen?

Ob und wann etwas rentabel ist hängt immer von der genauen Konstellation und dem Blickwinkel ab. Eine Seniorin die gerne strickt und ihre Mützen verkauft, findet es vielleicht sehr rentabel, wenn sie damit 200 € im Monat Gewinn macht. Ein junges Startup mit vier Existenzgründern würde sich selbst vielleicht erst mit einem Monatsgewinn von 10.000 € als rentabel bezeichnen. Rentabel bedeutet hierbei, dass Aufwand und Nutzen in einem guten Verhältnis zueinander stehen.

Kapitalbedarfsplan

Der Kapitalbedarfsplan gibt wieder, wie viel Kapital (Geld) Sie für die Existenzgründung brauchen. Welche Investitionen sind notwendig, und wie viel Geld brauchen Sie, das durch laufende Kosten wieder aufgebraucht wird. Der Kapitalbedarfsplan bildet die Grundlage für den Finanzierungsplan und zeigt Ihnen die Höhe des benötigten Kapitals auf.

Finanzierungsplan

Der Finanzierungsplan stellt dar wie viel Eigenkapital Sie einbringen, von wem Sie wie viel Kreditvolumen bekommen, wie lange die Kreditverträge laufen und wie viel Zinsen Sie zu zahlen haben. Hier kann ein potenzieller Geldgeber ablesen, ob Sie noch an anderer Stelle Kredite haben, ob Sie Eigenkapital einbringen und wie stark Ihre gesamten Zinsbelastungen sind.

Tipp

Die Werte im Businessplan sind immer Netto, das heißt ohne Umsatzsteuer. Außer im Liquiditätsplan, dort sollten Sie auch die Umsatzsteuer erfassen, da es um den realen Geldfluss geht.

2.11 Die Rechtsformen – Welche Form braucht Ihr Unternehmen?

Wenn Sie sich entscheiden, ein Unternehmen zu gründen, haben Sie ein buntes Potpourri an Rechtsformen zur Auswahl. Rechtsformen sind Organisationsformen, die festlegen, unter welche rechtlichen Rahmenbedingungen Sie bei Ihrer Unternehmensführung fallen. Grundsätzlich gibt es einen Unterschied zwischen natürlichen Personen, Personengesellschaften und Kapitalgesellschaften. **Natürliche Personen** sind alleine, also nur eine Person und sind Träger von Rechten und Pflichten – so haben sie zum Beispiel die Pflicht eine Steuerklärung zu machen. Eine **Personengesellschaft** ist der Zusammenschluss mehrerer natürlicher Personen, zum Beispiel in Form einer GbR. Davon abgegrenzt ist die sogenannte **Kapitalgesellschaft,** die als eine **juristische Person** betrachtet wird. Das bedeutet, dass die Kapitalgesellschaft (zum Beispiel eine GmbH) selbst Träger von Rechten und Pflichten ist, aber durch einen echten Menschen vertreten werden muss. In den vielen Jahren als Gründercoach sind mir immer wieder die gleichen Rechtsformen über den Weg gelaufen, für die sich Existenzgründer entscheiden. Diese stelle ich Ihnen nun vor:

2.11.1 Freie Berufe

Als Freiberufler sind Sie rechtlich gesehen eine natürliche Person und fallen im Gegensatz zu allen anderen Gewerbetreibenden nicht unter die Gewerbeordnung. Da die Gewerbeordnung nicht für Sie gilt, müssen Sie keine Gewerbesteuer zahlen. Die Regelungen zu den freien Berufen finden Sie in § 18 EStG und § 1 PartGG. Die meisten Freiberufler sind in sogenannten Standeskammern, Standesvertretungen oder berufsständischen Körperschaften organisiert. Ob für Sie eine Kammerpflicht besteht und welche Kammer für Sie zuständig ist, können Sie über den Bundesverband der freien Berufe erfahren.

Um für einen freien Beruf zugelassen zu werden, brauchen Sie, wenn im Einzelfall notwendig, die Bestätigung Ihrer Standeskammer. Dann melden Sie sich beim Finanzamt als Freiberuflerin oder Freiberufler an. Für Künstler und Publizisten gilt zusätzlich die Pflicht, sich über die Künstlersozialkasse zu versichern. Die Mitgliedschaft in der IHK ist für Freiberufler keine Pflicht, es kann aber, wie gesagt, für andere Kammern eine Pflicht bestehen.

Ob Sie unter die freien Berufe fallen, erfahren Sie in § 18 EStG, Absatz (1):

> *(1) Einkünfte aus selbständiger Arbeit sind*
>
> *1. Einkünfte aus freiberuflicher Tätigkeit. Zu der freiberuflichen Tätigkeit gehören die selbständig ausgeübte wissenschaftliche, künstlerische, schriftstellerische, unterrichtende oder erzieherische Tätigkeit, die selbständige Berufstätigkeit der Ärzte, Zahnärzte, Tierärzte, Rechtsanwälte, Notare, Patentanwälte, Vermessungsingenieure, Ingenieure, Architekten, Handelschemiker, Wirtschaftsprüfer, Steuerberater, beratenden Volks- und Betriebswirte, vereidigten Buchprüfer, Steuerbevollmächtigten, Heilpraktiker, Dentisten, Krankengymnasten, Journalisten, Bildberichterstatter, Dolmetscher, Übersetzer, Lotsen und ähnlicher Berufe. Ein Angehöriger eines freien Berufs im Sinne der Sätze 1 und 2 ist auch dann freiberuflich tätig, wenn er sich der Mithilfe fachlich vorgebildeter Arbeitskräfte bedient; Voraussetzung ist, dass er auf Grund eigener Fachkenntnisse leitend und eigenverantwortlich tätig wird. Eine Vertretung im Fall vorübergehender Verhinderung steht der Annahme einer leitenden und eigenverantwortlichen Tätigkeit nicht entgegen;*

Seit einiger Zeit werden von den Finanzämtern auch Designer, EDV-Berater, Musiker oder Web-Designer als freie Berufe gewertet.

Als Freiberufler können Sie sich zusätzlich noch in einer sogenannten Partnerschaftsgesellschaft zusammenschließen. Wählen Sie eine andere Rechtsform, wie z. B. GbR, UG oder GmbH, verlieren Sie Ihren Status als Freiberufler und damit auch die Gewerbesteuerfreiheit.

Steuerlich rechnen Sie mit einer Einnahmen-Überschuss-Rechnung. Sie haften unbegrenzt mit Ihrem Privatvermögen.

Tipp

Speziell für die Freien Berufe bietet das BMWi ein kostenloses Online-Training und eine Broschüre als pdf-Download an.

2.11.2 Einzelunternehmen

Als **Einzelunternehmer** sind Sie ebenfalls eine natürliche Person, unterliegen jedoch der Gewerbeordnung und sind damit auch gewerbesteuerpflichtig. Sie melden sich beim Gewerbeamt mit einer Gewerbeanmeldung an. Sie geben bei der Jahressteuererklärung eine Einnahmen-Überschuss-Rechnung ab. Sollte Ihr Jahresgewinn die 50.000 Euro überschreiten oder Sie einen Jahresumsatz von mehr als 500.000 Euro generieren, so herrscht für Sie Bilanzierungspflicht (doppelte Buchführung). Als Einzelunternehmer haften Sie unbegrenzt mit Ihrem Privatvermögen.

2.11.3 GbR

Die **Gesellschaft bürgerlichen Rechts** ist der Zusammenschluss von mindestens zwei Einzelpersonen. Sie bilden nun eine

Personengesellschaft. Für die GbR gilt ebenfalls die Anmeldepflicht beim Gewerbeamt und die Gewerbesteuerpflicht. Sie geben bei der Jahressteuererklärung eine Einnahmen-Überschuss-Rechnung ab. Auch für die GbR gilt: Sollte Ihr Jahresgewinn die 50.000 Euro überschreiten oder Sie einen Jahresumsatz von mehr als 500.000 Euro generieren, so herrscht für Sie Bilanzierungspflicht (doppelte Buchführung). Als Personengesellschaft haften Sie unbegrenzt mit Ihrem Privatvermögen, auch für die Fehlentscheidungen des Partners.

2.11.4 PartG

Die **Partnerschaftsgesellschaft** ist ein Zusammenschluss aus mindestens zwei Freiberuflern, die ihren freiberuflichen Status trotz der Zusammenarbeit behalten wollen. Sie unterliegen den gleichen Rechten und Pflichten wie ein Freiberufler.

2.11.5 KG

Die **Kommanditgesellschaft** ist in ihren Regelungen gegenüber den anderen Rechtsformen etwas komplexer. Es handelt sich um eine Personengesellschaft mit mindestens zwei Gründern (Komplementär & Kommanditist). Zur Anmeldung reicht ein formloser Gesellschaftsvertrag aus.

Der **Komplementär** (=Geschäftsführer) haftet mit seinem Privatvermögen, während der **Kommanditist** (stiller Teilhaber) bis zur Höhe der Einlage haftet. Die Vergütung erfolgt über den Gewinn. Es besteht Bilanzierungspflicht. Für die Gründung einer KG ist kein Mindestkapital vorgeschrieben.

2.11.6 UG (haftungsbeschränkt)

Die **Unternehmergesellschaft** (haftungsbeschränkt) ist die kleine Schwester der GmbH. Es handelt sich ebenfalls um eine Kapitalgesellschaft, die nur eine Person zur Gründung braucht. Der Vertrag muss gerichtlich oder notariell beurkundet sein. Das Mindestkapital liegt bei einem Euro. Jährlich müssen mindestens 25 Prozent des Jahresüberschusses als Rücklage eingestellt werden, bis ein Mindeststammkapital von 25.000 Euro vorhanden ist. Sobald 25.000 Euro erreicht werden, kann der Kapitalerhöhungsbeschluss zur Umwandlung in eine GmbH genutzt werden. Für die UG gelten die Haftungsregelungen des GmbH-Gesetzes. Die Gesellschafter haften nicht mit Ihrem Privatvermögen. Wie bei der GmbH gibt es hiervon Ausnahmen.

2.11.7 GmbH

Die **Gesellschaft mit beschränkter Haftung** ist eine Kapitalgesellschaft mit mindestens einem Gründer. Der Gründungsvertrag muss notariell oder gerichtlich beurkundet werden. Wie bei der UG gilt die Haftungsregel des GmbH-Gesetzes. Die Gesellschafter haften nicht mit Ihrem Privatvermögen. Wie bei der UG gibt es hiervon Ausnahmen. Es müssen 25.000 Euro Stammkapital eingebracht werden, davon 50 Prozent bei der Gründung.

Tipp

Kostenlose und umfassende Informationen zu den möglichen Rechtsformen finden Sie auf der Seite des Bundesministeriums für Wirtschaft und Technologie (BMWi): Einzelunternehmen, Gbr, PartG, KG, UG und GmbH.

2.12 Arbeitsamt / Jobcenter

Die Agentur für Arbeit bzw. das Jobcenter bieten für den Gründer zweierlei Service. Zum einen beraten und unterstützen sie Arbeitslose, die aus der Arbeitslosigkeit heraus ein Geschäft gründen möchten, und zum anderen bieten sie einige Vorteile für Arbeitgeber, also unter Umständen auch für Sie als Existenzgründer, die Verstärkung in ihrem Team brauchen. Lesen Sie zuerst, welche Möglichkeiten die Agentur für Arbeit bzw. das Jobcenter für die Existenzgründung aus der Arbeitslosigkeit heraus bereithalten:

2.12.1 Existenzgründung aus der Arbeitslosigkeit heraus

Wenn Sie in der Arbeitslosigkeit sind, befinden Sie sich grundsätzlich in einer schwierigen Situation. Sie sind mit Ihrem Lebensunterhalt von einem Amt abhängig und haben, je nachdem ob Sie Arbeitslosengeld I (ALG I) beziehen oder Arbeitslosengeld II (ALG II oder umgangssprachlich Hartz IV), weniger zum Leben als Sie eigentlich brauchen würden. Hinzu kommen regelmäßige Termine beim Jobcenter, bei denen vielen sogenannten Jobcenter-Kunden Arbeiten vorgeschlagen werden, die eigentlich außerhalb Ihres Fokus liegen sollten. Oder würden Sie sich als studierter Ingenieur für eine Tätigkeit am Fließband bewerben? Durch meine Arbeit als KfW-geförderter Gründercoach berate ich immer wieder Gründer aus der Arbeitslosigkeit. Hierbei ergibt sich noch ein etwas anderes Bild: Das wenige Geld und die regelmäßige Kontrolle durch das Jobcenter sind ertragbar. Doch das psychische Tief, in dem sich ein Arbeitsloser sehr schnell wiederfindet, ist nur schwer wieder zu verlassen. Es ist eine Gesamtsituation, die aufs Gemüt schlägt und einen immer wieder runterzieht. So ist es nicht verwunderlich, dass ein nicht unwesentlicher Anteil der Arbeitslosen, die keine neue Festanstellung finden, die Flucht nach vorne antreten und eine eigene Existenz gründen will.

Wenn Sie aus der Arbeitslosigkeit heraus gründen, kann damit aus Ihrer unkomfortablen Situation sehr schnell eine komfortable Situation werden. Denn im Gegensatz zu anderen Gründern wird Ihr Lebensunterhalt, jedenfalls das Minimum, vom Jobcenter übernommen, das heißt, sie müssen sich nicht darum sorgen, wie es bei Ihnen finanziell während der Existenzgründung weitergehen soll. Natürlich müssen Sie noch die Frage der Gründungsfinanzierung klären, doch brauchen Sie sich keine Gedanken über ihren Schlafplatz, Ihre Wohnung, etwas zum Essen und Ihren Fernseher zu machen – die Existenzsicherung übernimmt vorübergehend das Jobcenter.

Im Gespräch mit dem Jobcenter empfiehlt es sich, den Berater über das eigene Gründungsvorhaben zu informieren. Sie müssen nicht befürchten, dass Ihre Leistungen sofort reduziert werden, nur weil Sie gründen möchten. In der Regel ist es so, dass eine Reduzierung der Leistung erst dann stattfindet, wenn Sie Gewinne mit Ihrer Existenzgründung erzielen. Hier funktioniert die Verrechnung ähnlich, als würden Sie einen Minijob annehmen. In beiden Fällen werden die Einkünfte auf Ihre Leistungen durch das Jobcenter angerechnet.

Welche Förderungen können Sie in Anspruch nehmen?

Ein weiterer Vorteil den Sie haben, wenn Sie sich an Ihren Kundenberater beim Jobcenter wenden, sind mögliche Förderungen und Weiterbildungen. Das Vorgehen der Jobcenter hierbei ist in den unterschiedlichen Bundesländern sehr ähnlich. Als Erstes erhalten Sie einen dreieinhalbwöchigen Kurs bei einem Bildungsträger, in dem Ihnen unterschiedliche Inhalte rund um das Thema Existenzgründung vermittelt werden. Doch erwarten Sie nicht zu viel von diesem Kurs, die Jobcenter vergeben die Kurse an private oder gemeinnütze Bildungsträger, die in der Regel nur ein minimales Budget für Dozenten haben. Genau das werden Sie auch in der Qualität der Lehre zu spüren bekommen. Wenn Sie diesen ersten Übersichtskurs erfolgreich abgeschlossen haben, werden Sie in der Regel ein Coaching zur Entwicklung Ihres Businessplans erhalten. Den Businessplan brauchen Sie, um das Jobcenter von Ihrem Gründungsvorhaben zu überzeugen. Warum sollten Sie das Jobcenter überzeugen wollen? Wegen des Einstiegsgeldes, das Sie bekommen können. Das **Einstiegsgeld** ist eine zeitlich begrenzte Förderung, die Sie als Empfänger von ALG II erhalten können, um Sie bei Ihren Existenzgründungskosten zu unterstützen. Es handelt sich aktuell um 191 Euro pro Monat (bzw. 50 Prozent des Regelsatzes) die Ihnen für bis zu 24 Monate bewilligt werden können, wobei nach 12 Monaten in der Regel eine Kürzung vorgenommen wird. Das Einstiegsgeld unterliegt einer sogenannten Kann-Bewilligung. Das bedeutet, dass Sie keinen rechtlichen Anspruch auf das Einstiegsgeld haben. Rechtlich ist das Einstiegsgeld in § 16b SGB II geregelt. Die Berechnungsverfahren für das Einstiegsgeld sind ziemlich komplex. Nach meiner praktischen Erfahrung als Gründercoach läuft der Vorgang in der Regel jedoch recht einfach ab. Entweder Sie durchlaufen beim Jobcenter den Kurs zur Existenzgründung sowie ein Coaching zum Erstellen eines Businessplans, um diesen dann bei Ihrem Berater vorzulegen. Oder Sie legen den Businessplan direkt vor. Der Berater wird dann entscheiden, ob er Ihre Idee für förderwürdig hält. Zusätzlich brauchen Sie noch eine Bescheinigung über die Tragfähigkeit Ihres Gründungsvorhabens **(Tragfähigkeitsbescheinigung).** Hierfür werden Sie aber ebenfalls vom Jobcenter an die richtigen Stellen vermittelt.

Tipp

Voraussetzungen für die Förderung durch das Jobcenter sind:

- der Anspruch auf Arbeitslosengeld II;
- die Aufnahme einer hauptberuflichen selbstständigen Tätigkeit;
- die Erforderlichkeit der Förderung hinsichtlich der Eingliederung des ALG-II-Empfängers in den allgemeinen Arbeitsmarkt;
- Die Förderung muss vor der Existenzgründung beantragt werden.
- die Vorlage eines Businessplans beim Jobcenter; hierzu kann die Einholung einer fachkundigen Stellungnahme erforderlich sein.

Während das Einstiegsgeld für Empfänger von Arbeitslosengeld II gedacht ist, können Sie als Empfänger von Arbeitslosengeld I den sogenannten **Gründungszuschuss** in Anspruch nehmen. Grundsätzlich gelten hier die gleichen Regeln wie beim Einstiegsgeld. Allerdings muss Ihr Anspruch auf ALG I noch für mindestens 150 Tage bestehen, ausgehend vom Datum der Antragstellung. Ihnen wird für einen Zeitraum von sechs Monaten die Höhe des bisher geleisteten Arbeitslosengeldes weiter gezahlt. Hinzu kommt eine Pauschale in Höhe von 300 Euro, die für die soziale Absicherung gedacht ist. Im Anschluss kann für weitere neun Monate ebenfalls eine Pauschale von 300 Euro monatlich für die soziale Absicherung beantragt werden.

Zusätzlich haben Sie noch die Möglichkeit, gemäß § 16c SGB II Zuschüsse für Sachgüter in Höhe von bis zu 5.000 Euro zu erhalten. Wie nicht anders anzunehmen, sind die Zuschüsse sehr beliebt und damit noch schwerer zu ergattern. In der Regel wird Ihr erster Antrag auf diese Zuschüsse abgelehnt. In der Praxis hat es sich jedoch oft als erfolgreich erwiesen, gegen diese erste Ablehnung Widerspruch einzulegen. Ihre Chancen, den Zuschuss zu erhalten steigen damit maßgeblich.

Die Förderung durch das Jobcenter bringt allerdings auch einige Nachteile mit sich. Zum einen sind Sie an einen langwierigen Prozess gebunden, der Ihre Existenzgründung verzögert. Zum anderen müssen Sie einen Businessplan entwickelt, den Sie oft für niemand anderen brauchen als für das Jobcenter. Für Sie selbst würde an der gleichen Stelle in der Regel ein Business Model ausreichen. Der dritte Nachteil liegt in der Forderung, Rechenschaft abzulegen. Nehmen Sie die Hilfen des Jobcenters in Anspruch, so müssen Sie in regelmäßigen Abständen gegenüber Ihrem Kundenbetreuer Rechenschaft ablegen. Sollten Sie mit der Existenzgründung scheitern, so hat das an dieser Stelle keine Folgen für Sie – diesen Fall sollten Sie trotzdem auf jeden Fall einmal mit Ihrem Kundenbetreuer besprechen.

Hier finden Sie noch einmal die relevanten Paragrafen zu den Förderungen für die Existenzgründung aus der Arbeitslosigkeit heraus:

§ 16b SGB II Einstiegsgeld

„(1) Zur Überwindung von Hilfebedürftigkeit kann erwerbsfähigen Leistungsberechtigten, die arbeitslos sind, bei Aufnahme einer sozialversicherungspflichtigen oder selbständigen Erwerbstätigkeit ein Einstiegsgeld erbracht werden, wenn dies zur Eingliederung in den allgemeinen Arbeitsmarkt erforderlich ist. Das Einstiegsgeld kann auch erbracht werden, wenn die Hilfebedürftigkeit durch oder nach Aufnahme der Erwerbstätigkeit entfällt.

(2) Das Einstiegsgeld wird, soweit für diesen Zeitraum eine Erwerbstätigkeit besteht, für höchstens 24 Monate erbracht. Bei der Bemessung der

Höhe des Einstiegsgeldes sollen die vorherige Dauer der Arbeitslosigkeit sowie die Größe der Bedarfsgemeinschaft berücksichtigt werden, in der die oder der erwerbsfähige Leistungsberechtigte lebt.

(3) Das Bundesministerium für Arbeit und Soziales wird ermächtigt, im Einvernehmen mit dem Bundesministerium der Finanzen ohne Zustimmung des Bundesrates durch Rechtsverordnung zu bestimmen, wie das Einstiegsgeld zu bemessen ist. Bei der Bemessung ist neben der Berücksichtigung der in Absatz 2 Satz 2 genannten Kriterien auch ein Bezug zu dem für die oder den erwerbsfähigen Leistungsberechtigten jeweils maßgebenden Regelbedarf herzustellen."

§ 16c SGB II Leistungen zur Eingliederung von Selbständigen

„(1) Erwerbsfähige Leistungsberechtigte, die eine selbständige, hauptberufliche Tätigkeit aufnehmen oder ausüben, können Darlehen und Zuschüsse für die Beschaffung von Sachgütern erhalten, die für die Ausübung der selbständigen Tätigkeit notwendig und angemessen sind. Zuschüsse dürfen einen Betrag von 5 000 Euro nicht übersteigen.

(2) Erwerbsfähige Leistungsberechtigte, die eine selbständige, hauptberufliche Tätigkeit ausüben, können durch geeignete Dritte durch Beratung oder Vermittlung von Kenntnissen und Fertigkeiten gefördert werden, wenn dies für die weitere Ausübung der selbständigen Tätigkeit erforderlich ist. Die Vermittlung von beruflichen Kenntnissen ist ausgeschlossen.

(3) Leistungen zur Eingliederung von erwerbsfähigen Leistungsberechtigten, die eine selbständige, hauptberufliche Tätigkeit aufnehmen oder ausüben, können nur gewährt werden, wenn zu erwarten ist, dass die selbständige Tätigkeit wirtschaftlich tragfähig ist und die Hilfebedürftigkeit durch die selbständige Tätigkeit innerhalb eines angemessenen Zeitraums dauerhaft überwunden oder verringert wird. Zur Beurteilung der Tragfähigkeit

der selbständigen Tätigkeit soll die Agentur für Arbeit die Stellungnahme einer fachkundigen Stelle verlangen."

2.12.2 Möglichkeiten für Arbeitsgeber

Sind Sie Arbeitsgeberin oder Arbeitgeber, werden Sie in der Regel deutlich anders behandelt. Denn Sie bieten Arbeitsplätze und tragen damit dazu bei, Leistungsempfänger aus der Statistik der Agentur für Arbeit zu entfernen. Wollen Sie also Mitarbeitende einstellen, können Sie sich hierfür direkt an die Agentur für Arbeit wenden. Wichtig zu wissen ist, dass Sie das *können,* aber nicht müssen. Sie können auch eine beliebige Person auf der Straße ansprechen und anstellen oder einfach eine Ausschreibung auf einer der großen Jobplattformen veröffentlichen. Ein großer Vorteil, den der Weg über die Agentur für Arbeit bietet ist, dass Sie auf einen sehr großen Pool an Menschen zugreifen können, die eine Festanstellung suchen. Allerdings hat dies gleichzeitig den Nachteil, dass Sie eine Vielzahl von Bewerbungen erhalten, die einfach nur noch als Spam bezeichnet werden können, denn sie haben keinen anderen Zweck, als dem Jobcenter gegenüber zu belegen, dass man sich beworben hat. Ihnen hingegen rauben diese nutzlosen Bewerbungen Zeit. Wenn Sie jedoch in der Vielzahl der Bewerbungen die Perlen gefunden haben, nach denen Sie getaucht haben, hat sich dieser Weg der Suche schon gelohnt.

Möchten Sie nun jemanden einstellen, stellen aber fest, dass die Person erst noch für die Arbeit qualifiziert oder eingearbeitet werden muss, so können Sie bei Ihrem Vermittler der Agentur für Arbeit formlos einen **Eingliederungszuschuss** für den neuen Mitarbeiter oder die neue Mitarbeiterin beantragen. Bei Bewilligung werden bis zu 50 Prozent des Arbeitsentgelts sowie des pauschalisierten Arbeitgeberanteils des Gesamtsozialversicherungsbeitrags für maximal 12 Monate gefördert. Sollten Sie einen älteren (ab 50 Jahre) oder behinderten Menschen einstellen, so kann die Förderung noch einmal höher liegen. Auch hierbei handelt es sich um eine Kann-Bewilligung, die Ihnen nicht zugesprochen werden muss.

Weiterhin können Sie Fortbildungen für Ihre Mitarbeiter fördern lassen, Insolvenzgeld beantragen, sodass Ihre Mitarbeitenden für einen bestimmten Zeitraum ausstehende Löhne erhalten, falls Sie zahlungsunfähig werden sollten, und das durch die Medien in den letzten Jahren sehr bekannt gewordene konjunkturelle Kurzarbeitergeld.

Tipp

Auf der Seite der Agentur für Arbeit finden Sie weitere Informationen zu den wichtigsten Punkten der Förderung.

2.13 Die gesetzliche Rentenversicherung

Anmerkung: Dieses Kapitel (2.13) wurde durch Jörg Stephan Müller, M.A., Diplom –Verwaltungswirt (FH) geschrieben. Herr Müller ist als Amtsrat bei der Deutschen Rentenversicherung Bund tätig.

Vielleicht stellen Sie sich beim Lesen jetzt die Fragen „Gesetzliche Rentenversicherung? Muss ich mich als Selbstständige oder Selbstständiger überhaupt damit befassen? Und wenn ja, muss das gleich bei der Existenzgründung sein? Reicht es nicht, wenn ich hier später mal nachlese?"

Klare Antwort: Lesen Sie weiter. Jetzt. Es geht um monatliche Beiträge, die gegebenenfalls von Ihnen zu zahlen sind – auch ohne dass Sie dies wollen. Und wenn Sie Pech haben, auch noch rückwirkend, weil Sie sich nicht rechtzeitig um dieses Thema gekümmert haben. Mit der Folge, dass Sie dann gegebenenfalls vor einem Schuldenberg stehen. Die Frage „Was kommt finanziell auf mich zu, wenn ich trotz Selbstständigkeit rentenversicherungspflichtig bin?" wird weiter unten im Abschnitt zur Rentenversicherungspflicht beantwortet.

Sich bei der Existenzgründung mit dem Thema „gesetzliche Rentenversicherung" zu befassen, ist wichtig, um vor unliebsamen Überraschungen geschützt zu sein:

- In der Existenzgründungsphase stellt sich zum einen die Frage, ob Sie eventuell auch als selbstständig tätige Person verpflichtet sind, monatlich Pflichtbeiträge zur gesetzlichen Rentenversicherung zu zahlen.
- Zum anderen stellt sich die Frage, ob und ggf. wie Sie sich gegen die „Wechselfälle des Lebens" absichern, das

heißt, einen Schutz gegen Erwerbsminderung, eine Alters- und Hinterbliebenenversorgung sowie Ansprüche auf Rehabilitationsmaßnahmen erwerben oder laufend aufrechterhalten können.

Nachfolgende Aspekte sollen hier angesprochen werden:

- Rentenversicherungspflicht kraft Gesetz
- Befreiung von der Rentenversicherungspflicht in der Existenzgründungsphase
- Rentenversicherungspflicht auf Antrag
- Freiwillige Versicherung
- Statusfeststellungsverfahren

Ziel dieses Kapitels ist, dass Sie als Leserin oder Leser Kenntnis von den angesprochenen Aspekten und Gesetzen erhalten. Damit haben Sie die Möglichkeit, sich in Bezug auf Ihre Existenzgründung intensiver und gezielt zu informieren. Aus diesem Grund werden hier auch einige relevante Paragrafen angegeben. Diese gesetzlichen Regelungen können Sie sich kostenfrei erläutern lassen und prüfen, ob Ihre Person und Ihr Geschäftsmodell hiervon betroffen sind. Vom Abdruck des Wortlautes der genannten Paragrafen wird abgesehen. Das Bundesministerium für Justiz und Verbraucherschutz bietet den Service, den aktuellen Wortlaut der Gesetze kostenlos im Internet abzurufen. Die hier benannten Gesetze sind mit einem Link dorthin versehen.

2.13.1 Lassen Sie sich kostenfrei durch Fachleute beraten

Zu Beginn dieses Abschnitts möchte ich gleich folgenden „Warnhinweis“ geben: Sich im Internet oder über Printmedien zu informieren oder ein Gespräch bei einem Steuerberater ersetzen in keinem Fall das individuelle, kompetente und kostenfreie Beratungsangebot Ihres Rentenversicherungsträgers, das Sie auf jeden Fall frühzeitig in Anspruch nehmen sollten. Außerdem ist beim Thema „Steuerberater" zu beachten, dass der 12. Senat des Bundessozialgerichts (BSG) am 05.03.2014 in zwei Verfahren (Az: B 12 R 4/12 und B 12 R 7/12) entschieden hat, dass Steuerberater in Statusfeststellungsverfahren ihre Mandantschaft nicht gegenüber der Behörde oder vor Gericht vertreten dürfen. Hier ist nur eine Vertretung durch von Ihnen bevollmächtigte Rechtsanwälte oder gerichtlich zugelassene Rentenberater möglich. Im Vorfeld einer Existenzgründung empfiehlt sich daher auch aus diesem Grund stets, die kostenfreie und kompetente Aufklärung und Beratung durch speziell qualifiziertes Personal der gesetzlichen Rentenversicherung in Anspruch zu nehmen.

Die gesetzliche Rentenversicherung ist eine Behörde. Als öffentliche Verwaltung arbeitet sie ohne Gewinnerzielungsabsicht. Kurz: Niemand hat dort ein Interesse daran, Sie zu etwas zu überreden, das Sie gar nicht brauchen. Niemand hat ein Interesse daran, Sie sprichwörtlich „über den Tisch zu ziehen".

Die gesetzliche Rentenversicherung unterhält im Bundesgebiet ein Netz von Auskunfts- und Beratungsstellen. Diese festen „Filialen" werden ergänzt durch örtliche Sprechtage in kleineren Städten und Gemeinden. Darüber hinaus betreiben die Rentenversicherungsträger kostenfreie Servicetelefone. Hier werden Sie von Expertinnen und Experten des Auskunfts- und Beratungsdienstes persönlich, kompetent, kostenfrei und bürgernah beraten. Bitte halten Sie bei der Kontaktaufnahme Ihre Versicherungsnummer bereit. Die Anschrift der nächstgelegenen „Auskunfts- und Beratungsstelle" sowie die Telefonnummer des kostenfreien Servicetelefons Ihres Rentenversicherungsträgers kann auf der Internetseite der Deutschen Rentenversicherung ermittelt werden.

Und noch ein Hinweis: Gerichtlich zugelassene „Rentenberater“ sind keine Institution der gesetzlichen Rentenversicherung. Sie beraten jedoch ebenso kompetent und unabhängig wie die Staatsdiener Ihres Rentenversicherungsträgers. Ihre Beratung ist allerdings kostenpflichtig.

2.13.2 Wann besteht Rentenversicherungspflicht in der gesetzlichen Rentenversicherung?

Der Gesetzgeber stellt bestimmte Personengruppen unter den Schutz der gesetzlichen Rentenversicherung. Deshalb ist das Thema „Rentenversicherungspflicht kraft Gesetzes“ für Existenzgründer sehr wichtig. Das Sozialgesetzbuch Sechstes Buch (SGB VI) enthält eine Aufzählung von selbstständigen Tätigkeiten, die der Rentenversicherungspflicht unterliegen (§ 2 SGB VI).

Achtung Existenzgründer: Es gibt eine Meldepflicht, wenn Sie dem Personenkreis der kraft Gesetzes rentenversicherungspflichtigen Selbständigen angehören! Eventuell denken Sie jetzt: „Das mache ich nicht. Das merkt doch keiner… .“ Hierzu zwei Hinweise:

Zum einen haben Sie die bereits erwähnte Meldepflicht: Selbstständig Tätige nach § 2 SGB VI, die in einem mehr als geringfügigen Umfang Arbeitseinkommen (also regelmäßig mehr als 450 Euro monatlich) erzielen, sind gemäß § 190 a SGB VI verpflichtet, sich innerhalb von drei Monaten nach der Aufnahme der selbstständigen Tätigkeit beim zuständigen Rentenversicherungsträger zu melden.

Zum anderen könnte einer Ihrer Auftraggeber sich durch ein sogenanntes Statusfeststellungsverfahren absichern wollen, wenn Sie für ihn tätig sind. Durch ein Statusfeststellungsverfahren wird sozialversicherungsrechtlich festgestellt, ob Sie selbstständig sind oder in einem Beschäftigungsverhältnis zum Auftraggeber stehen. Viele Auftraggeber haben ein Interesse daran, dieses klären zu lassen. Das heißt, auch auf diesem Weg werden versicherungspflichtig selbstständig Tätige der gesetzlichen Rentenversicherung bekannt.

Was kommt finanziell auf mich zu, wenn ich trotz Selbstständigkeit rentenversicherungspflichtig bin?

Führt Ihre Existenzgründung zur Rentenversicherungspflicht, müssen Sie jeden Kalendermonat einen Pflichtbeitrag zahlen. Sie können zwischen drei Beitragsarten wählen:

- Zahlung des Regelbeitrags: Bei Wahl des Regelbeitrags zahlen Sie einen gesetzlich festgelegten Beitrag. Deshalb ist von Ihnen kein Nachweis über Ihr erzieltes Arbeitseinkommen beim Rentenversicherungsträger zu erbringen. Die Höhe des monatlichen Regelbeitrags finden Sie auf der Internetseite der Deutschen Rentenversicherung. Er beträgt aktuell (2014) monatlich 522,59 Euro in den alten Bundesländern und 443,21 Euro in den neuen Bundesländern. Die Beitragshöhen „West“ und „Ost“ richten sich nach Ihrem Betriebssitz bzw. nach dem Tätigkeitsort, nicht aber nach Ihrem Wohnort. Beispiel: Sie wohnen in Potsdam, üben Ihre Tätigkeit in Berlin am Kurfürstendamm aus: Beitragshöhe „West“.
- Zahlung des halben Regelbeitrags: Dies ist nur in der Aufbauphase einer Existenzgründung zulässig, d.h., der halbe Regelbeitrag ist zahlbar nur für das Jahr Ihrer Exis-

tenzgründung und die drei darauffolgenden Kalenderjahre. Auch in diesem Fall zahlen Sie eine gesetzlich festgelegte Beitragshöhe, weshalb Sie keinen Nachweis über Ihr erzieltes Arbeitseinkommen beim Rentenversicherungsträger erbringen müssen. Wie schon der Name sagt, entspricht die Beitragshöhe der Hälfte des Regelbeitrags.

- Einkommensgerechte Beitragszahlung: Möchten Sie einkommensgerechte Beiträge zahlen, weil Sie ein niedriges oder ein sehr hohes Arbeitseinkommen erzielen, können Sie die einkommensgerechte Beitragszahlung vornehmen. Die Monatsbeiträge berechnen sich dann aus Ihrem Arbeitseinkommen. Das Arbeitseinkommen ist der nach den allgemeinen Gewinnermittlungsvorschriften des Einkommensteuerrechts ermittelte Gewinn aus Ihrer rentenversicherungspflichtigen selbstständigen Tätigkeit. Sie sind in diesem Fall verpflichtet, Ihr Arbeitseinkommen der Rentenversicherung gegenüber offenzulegen. Die Rentenversicherung wacht darüber, ob Sie dieser Pflicht nachkommen. Jeder Einkommensteuerbescheid muss unverzüglich vorgelegt werden.

Eventuell fragen Sie sich: „Muss die einmal gewählte Beitragsart auf Dauer so beibehalten werden?“ Antwort: Nein. Für zukünftige Zeiträume können Sie die Beitragsart ändern. Gebühren entstehen Ihnen dabei nicht.

Beschäftigung von Arbeitnehmern im Zusammenhang mit Ihrer Existenzgründung

Beschäftigen Sie Arbeitnehmer in Ihrem Unternehmen, kann diese Beschäftigung Folgen für das Entstehen oder Bestehen Ihrer (möglichen) Rentenversicherungspflicht haben. Anders gesagt: Stellen Sie jemanden ein, kann es sein, dass die Rentenversicherungspflicht wegfällt. Hierbei kommt es darauf an, welche Tätigkeit Sie ausüben. Für Lehrer und Erzieher, Pflegepersonen sowie für Selbstständige mit nur einem Auftraggeber (Erläuterungen der genannten Personenkreise folgen weiter unten in diesem Abschnitt) entfällt die Rentenversicherungspflicht, wenn ein Arbeitnehmer eingestellt ist, der regelmäßig mehr als 450 Euro monatlich verdient. Der Beschäftigte muss aber direkt für Ihr Business arbeiten. Eine Putzhilfe im Privathaushalt zählt nicht, da sie nicht im Zusammenhang mit Ihrer selbstständigen Tätigkeit von Ihnen beschäftigt ist. Mehrere von Ihnen geringfügig beschäftigte Arbeitnehmer werden zusammengerechnet.

Folgende Punkt gebe ich Ihnen noch zu bedenken:

- Ist die eingestellte Person ein nur zum Schein beschäftigter Angehöriger, lesen Sie den Abschnitt zum Statusfeststellverfahren. Der Staat kennt den Trick.
- Sind Sie aus der Rentenversicherungspflicht herausgekommen, weil Sie jemanden beschäftigen, sollten Sie – bevor Sie sich darüber freuen und eventuell durch Untätigkeit Fristen versäumen – sich durch Experten beraten lassen. Gegebenenfalls ist zu überlegen, ob eine „Rentenversicherungspflicht auf Antrag“ oder eine „freiwillige Versicherung mit dem Mindestbeitrag“ (zurzeit 85,05 Euro monatlich) sinnvoll ist oder nicht. Lassen Sie diese Aspekte von Experten kostenfrei im Hinblick auf folgende Aspekte prüfen: „Anspruch auf medizinische und berufsfördernde Rehabilitation“ sowie auf „Erwerbsminderungsrente herstellen oder absichern.“ Das Recht ist sehr kompliziert und von Laien schwer zu überblicken. Verzichten Sie nie auf die kostenfreie Beratungsmöglichkeit der gesetzlichen Rentenversicherung.

Sehen wir uns nun die **Personenkreise** an, die kraft Gesetzes zu den rentenversicherungspflichtigen Selbstständigen gehört. Wir beginnen dabei nicht nach der im Gesetz festgelegten Reihenfolge der genannten Tätigkeiten, sondern nach deren (gefühlter) Häufigkeit und Brisanz. Kurz gesagt: „Exoten" kommen zum Schluss.

Lehrer und Erzieher

Aufgepasst: „Der Klassiker aus den zwanziger Jahren" oder: „Die böse Überraschung": „Lehrer und Erzieher – das bin ich nicht!" Bei dieser Feststellung ist jedoch geboten: Der Begriff des Lehrers und Erziehers ist weit gefasst.

Grundsätzlich gilt: Lehrer und Erzieher, die mehr als geringfügig tätig sind (regelmäßiges Arbeitseinkommen über 450 Euro monatlich) und die selbst keinen Arbeitnehmer beschäftigen sind rentenversicherungspflichtig (§ 2 Satz 1 Nr. 1 SGB VI). Diese Rentenversicherungspflicht besteht schon seit fast hundert Jahren.

Was fällt nun alles unter das Tätigkeitspektrum des Personenkreises der Lehrer und Erzieher? Eine Tätigkeit als Lehrer oder Lehrerin liegt beispielsweise im Sportbereich vor, von A wie Aerobictrainerin bis Z wie Zumbatrainer. Betroffen sind auch der Schwimmlehrer, die Reitlehrerin sowie Tennislehrer, Golflehrer und so weiter. All diese Tätigkeiten sind dem Personenkreis der Lehrer und Erzieher zuzuordnen. Eine Tätigkeit als Lehrer liegt beispielsweise aber auch vor bei Fahrlehrern, Dozenten an privaten Bildungseinrichtungen, Coaches, Dozenten an Universitäten, Fachschulen und Volkshochschulen. Auch Tagesmütter und Tagesväter fallen unter den Personenkreis der rentenversicherungspflichtigen Lehrer und Erzieher. Und selbst als

Tiertrainer können Sie der Versicherungspflicht kraft Gesetzes als Lehrer unterliegen, wenn Sie die Tierbesitzer unterweisen und diese Unterweisung überwiegt. Sie sehen: Eine Beratung durch Expertinnen und Experten der Rentenversicherung macht Sinn.

Selbstständige mit einem Auftraggeber

Seit 1999 geltendes Recht (§ 2 Satz 1 Nr. 9 SGB VI) besagt, dass Selbstständige mit einem Auftraggeber aufgrund ihres Abhängigkeitsverhältnisses zum Auftraggeber als besonders schutzwürdig angesehen werden. Deshalb unterliegen diese Selbständigen grundsätzlich der Rentenversicherungspflicht. Wenn Sie jetzt denken: „Selbstständige mit einem Auftraggeber – das bin ich doch nicht!“, dann sollten Sie vor allem als Franchisenehmer aufpassen!

Warum? Sehen wir uns das genauer an:

Das Gesetz bestimmt, dass Selbstständige rentenversicherungspflichtig sind, wenn

- die Tätigkeit mehr als geringfügig ausgeübt wird (regelmäßiges Arbeitseinkommen über 450 Euro monatlich),
- kein versicherungspflichtiger Beschäftigter zu diesem Business eingestellt ist und
- die Tätigkeit im Wesentlichen – also überwiegend – nur für einen Auftraggeber ausgeübt wird (sogenannte fünf Sechstel-Regelung).

Was bedeuten nun die Begriffe „Auftraggeber“ und „im Wesentlichen“?

Auftraggeber kann ein einzelner Mensch sein (natürliche Person) sowie eine Firma, ein Verein, ein Unternehmen oder eine

Behörde (juristische Person). Auftraggeber ist auch derjenige, zu dem eine wirtschaftliche Abhängigkeit besteht, weil für das ausgeübte Business Produkte, Maschinen oder andere Betriebsmittel sowie Lieferbeziehungen zur Verfügung gestellt werden und der oder die Selbstständige hiervon abhängig ist. Dies trifft beispielsweise auf Franchisenehmer und Versicherungsvertreter zu.

„Im Wesentlichen“ bedeutet, dass mindestens 5/6 der gesamten Einnahmen aus dem Business allein aus der Beziehung zu einem Auftraggeber stammen.

> **Beispiele:**
> *Der selbstständige Kurierdienstfahrer fährt im Großen und Ganzen für ein Unternehmen, die Firma X. Der selbstständige Softwareentwickler arbeitet seit Jahren auf Dauer fast nur für die Firma Y, das selbstständige „Ein-Mann“-Bauunternehmen arbeitet überwiegend für die Firma Z.*

Kompliziert gestaltet sich die Beurteilung von Franchisenehmern. Die Franchise-Szene ist sehr uneinheitlich. Jeder Fall muss von der Rentenversicherung hinsichtlich seiner Besonderheiten betrachtet werden. Sind Sie Franchisenehmer oder Franchisenehmerin, wird grundsätzlich davon ausgegangen, dass der Franchisegeber Ihr Auftraggeber ist und *nicht* Ihre Kunden oder Klienten.

Handwerker

Der Personenkreis der rentenversicherungspflichtigen Gewerbetreibenden in Handwerksbetrieben ist in § 2 Satz 1 Nr. 8 SGB VI festgelegt. Dabei ist zunächst im Rahmen der Prüfung einer möglichen Rentenversicherungspflicht zu betrachten, wie die Handwerksordnung (HwO) Ihre Existenzgründung einordnet. Grundsätzlich gibt es hier drei Möglichkeiten:

- **zulassungsfreie Handwerke** (Anlage B Abschnitt 1 HwO): Aus Ihrer Existenzgründung resultiert keine Rentenversicherungspflicht als Handwerker nach § 2 Satz 1 Nr. 8 SGB VI.
- **handwerksähnliche Handwerke** (Anlage B Abschnitt 2 HwO): Vorsicht, hier liegt der Fall etwas komplizierter, denn ggf. besteht doch Rentenversicherungspflicht! Und zwar nach einer anderen Vorschrift. Stark vereinfacht ausgedrückt: „Echter" Handwerker sind Sie nicht mit Ihrem Business. Und daher sind Sie auch nicht rentenversicherungspflichtig wie ein Handwerker. Jedoch kann ggf. Rentenversicherungspflicht als Selbstständiger mit einem Auftraggeber nach § 2 Satz 1 Nr. 9 SGB VI eintreten.
- **zulassungspflichtige Gewerbe** (Anlage A HwO): In diesem Fall ist eine Rentenversicherungspflicht als Handwerker (nach § 2 Satz 1 Nr. 8 SGB VI) durch Ihre Existenzgründung möglich.

Für Sie als Existenzgründerin oder Existenzgründer sind in diesem Zusammenhang drei Dinge wichtig zu wissen:

Erstens: Sofern Sie nicht als Handwerker kraft Gesetzes rentenversicherungspflichtig sind, bestehen folgende Möglichkeiten

- Sie versichern sich auf Antrag in der Rentenversicherung mit Pflichtbeiträgen.
- Sie zahlen freiwillige Beiträge.

Und denken Sie bitte nie über Sinn oder Unsinn einer „Rentenversicherungspflicht auf Antrag" oder die Zahlung von „freiwilligen Beiträgen" alleine nach, sondern nutzen Sie bitte die kostenfreie Beratungsmöglichkeit durch die Experten dieses Faches zu den Aspekten „Sicherung Ihrer Rehabilitations- und Rentenansprüche". Sie können sich kostenlos persönlich oder auch telefonisch bei der gesetzlichen Rentenversicherung beraten lassen.

Zweitens: Auch wenn Sie nicht als Handwerker (Amtsdeutsch: als „ Gewerbetreibende in Handwerksbetrieben") nach § 2 Satz 1 Nr. 8 SGB VI rentenversicherungspflichtig sind, könnten Sie trotzdem kraft Gesetzes rentenversicherungspflichtig als Selbstständiger mit einem Auftraggeber sein oder es werden.

Drittens: Wenn Sie als Handwerker rentenversicherungspflichtig sind, besteht nach § 6 Abs. 1 Satz 4 SGB VI die Möglichkeit, sich von der Rentenversicherung befreien zu lassen, wenn Sie bereits 18 Jahre lang Pflichtbeiträge gezahlt haben. Zu diesen mindestens 216 vorhandenen Monaten zählen beispielsweise alle Pflichtbeiträge aufgrund einer abhängigen Beschäftigung(d.h. als Arbeitnehmer), Wehr- und Zivildienstzeiten, Zeiten, in denen Arbeitslosengeld oder Krankengeld bezogen wurde sowie vom Rentenversicherungsträger anerkannte Zeiten der Kindererziehung. In diesen Kindererziehungszeiten gelten Pflichtbeiträge als gezahlt. Ob die 216 Monate bereits vorliegen, kann Ihnen Ihr Rentenversicherungsträger beantworten, auch telefonisch am kostenfreien Servicetelefon. Aber auch hier mahne ich zur Vorsicht: Auch wenn es diese Möglichkeit für Sie geben sollte, als Handwerker aus der Rentenversicherungspflicht „rauszukommen", denken Sie an die Risiken möglicher Erkrankungen sowie an mögliche Unfälle, die Ihre Erwerbsfähigkeit einschränken oder verhindern können. Hier bietet eine Beitragszahlung die Möglichkeit, einen Rentenanspruch im Fall einer Erwerbsminderung zu haben. Zu Art und Höhe einer sinnvollen

Beitragszahlung lassen Sie sich am besten kostenfrei von den Experten der gesetzlichen Rentenversicherung beraten.

Pflegepersonen in der Kranken-, Wochen-, Säuglings- oder Kinderpflege

Der Personenkreis der rentenversicherungspflichtigen selbstständigen Pflegepersonen ist in § 2 Satz 1 Nr. 2 SGB VI festgelegt. Hier besteht Rentenversicherungspflicht, wenn

- die Tätigkeit mehr als geringfügig ausgeübt wird (regelmäßiges Arbeitseinkommen über 450 Euro monatlich) und
- kein versicherungspflichtiger Beschäftigter zu diesem Business eingestellt ist.

Wer ist hier mit „Pflegeperson" gemeint? Folgende Voraussetzungen sind zu erfüllen:

- Wer ist hier mit „Pflegeperson" gemeint? Folgende Voraussetzungen sind zu erfüllen:
- Von Ihnen muss selbstständig sowie erwerbsmäßig gehandelt werden. Kurz: Gegen Geld und auf Ihre eigene Rechnung.
- Sie haben keine Arbeitnehmer beschäftigt, sind also ein Ein-Personen-Betrieb.
- Es sind nur Tätigkeiten in der Kranken-, Wochen-, Säuglings- und Kinderpflege von der Rentenversicherungspflicht erfasst, die überwiegend auf ärztliche Anordnung oder Verordnung erfolgen. Die Tätigkeit muss also in Abhängigkeit von Weisungen heilkundiger Personen erfolgen.

Heilkundige wie selbstständige Ärzte und Heilpraktiker fallen nicht unter die Rentenversicherungspflicht nach §2 Satz 1 Nr. 2 SGB VI, da sie den Umfang und die Art der Behandlung Kranker selber bestimmen. Nichtärztliche Heilberufe wie selbstständige Psychologen sind auch nicht den rentenversicherungspflichtigen Krankenpflegepersonen zuzurechnen, da sie eigenverantwortlich eine Diagnose erstellen.

Damit sind in diesem Personenkreis von der Rentenversicherungspflicht in erster Linie selbstständige Krankenschwestern und Krankenpfleger betroffen. Das betrifft jedoch nicht die Altenpflege, da hier überwiegend wegen Alters gepflegt wird und nicht aufgrund einer Erkrankung der Person.

Von der Rentenversicherungspflicht werden auch Selbstständige erfasst, die in Heilhilfsberufen tätig sind und hierbei überwiegend auf ärztliche Anordnung behandeln. Hierzu gehören Masseure, medizinische Bademeister, Krankengymnasten und Physiotherapeuten, Logopäden, Podologen und Ergotherapeuten.

Zur Erläuterung: Auch wenn der Inhalt der durchgeführten Therapie vom Selbstständigen selbst bestimmt wird, ist diese Therapie lediglich ein einzelner Bestandteil des Behandlungsplanes, den ein Heilkundiger vorgibt und überwacht. Das heißt aber auch: Ein Sportmasseur z.B. fällt somit nicht unter die Pflegepersonen.

Hebammen und Entbindungspfleger

Selbstständige Hebammen (Frauen) und Entbindungspfleger (Männer) unterliegen der Rentenversicherungspflicht (§ 2 Satz 1 Nr. 3 SGB VI), wenn die Tätigkeit mehr als geringfügig ausgeübt wird (regelmäßiges Arbeitseinkommen über 450 Euro monatlich). Und für diesen Personenkreis gilt noch eine Besonderheit: Auch wenn Sie in Ihrem Business als Hebamme/Entbindungspfleger Arbeitnehmer beschäftigen sollten, so ändert das nichts an Ihrer eigenen Rentenversicherungspflicht.

Künstler und Publizisten

Sofern Sie mit Ihrer Existenzgründung „erwerbsmäßig und nicht nur vorübergehend "etwas mit der Bearbeitung oder Erstellung von Medien wie Internet, Büchern, Manuskripten zu tun haben oder künstlerisch tätig sind, könnte Rentenversicherungspflicht bestehen, es sei denn, Sie beschäftigen mindestens zwei Arbeitnehmer, die unmittelbar bei der Ausführung der Werke helfen. Ein einzelner angestellter Arbeitnehmer verhindert nicht Ihre Rentenversicherungspflicht als selbstständig tätiger Künstler oder Publizist.

Für Künstler und Publizisten gilt das Künstlersozialversicherungsgesetz (KSVG). Wer ist Künstler? Kurz gesagt: **Künstler** ist, wer etwas mit Musik schafft, ausübt oder lehrt. Künstler ist auch, wer darstellende oder bildende Kunst schafft, ausübt oder lehrt.

Wer ist **Publizist?** Kurz gesagt: wer als Journalist oder als Schriftsteller oder ähnlicher Weise publizistisch tätig ist oder Publizistik lehrt, aber auch z.B. Lektoren und Redakteure.

Nur wenn das voraussichtliche Einkommen 3.900 Euro im Kalenderjahr nicht übersteigt, besteht nach dem KSVG Rentenversicherungsfreiheit. Aber, für Sie als Existenzgründer gilt eine Besonderheit zu beachten: Für Berufsanfänger besteht während einer auf drei Jahre festgelegten Aufbauphase auch dann Rentenversicherungspflicht, wenn Sie das Mindesteinkommen von 3.900 Euro voraussichtlich unterschreiten.

Wenn Sie im Vorgriff auf eine kostenfreie persönliche oder telefonische Beratungsmöglichkeit zu diesem Thema Informationen haben möchten: Schauen Sie in die Paragrafen 1 bis 4 des Künstlersozialversicherungsgesetzes (KSVG) sowie in § 2 Satz 1 Nr. 5 SGB VI und auch auf die Internetseite der Künstlersozialkasse (KSK). Dort finden Sie neben vielen Informationen auch die Anmeldeformulare zum Download.

Und falls Sie nicht zu diesem Personenkreis gehören, unter Umständen aber in Erwägung ziehen, z.B. die Arbeit von Lektoren oder von Künstlern, wie z.B. Grafikern im Rahmen Ihres Geschäftes in Anspruch zu nehmen, dann sollten Sie auch auf der Internetseite der Künstlersozialkasse vorbeischauen. Denn als „Verwerter" solcher Leistungen sind Sie unter Umständen abgabepflichtig nach dem KSVG. Ob das für Sie zutrifft, können Sie über die KSK prüfen lassen.

Seelotsen, Küstenschiffer und Küstenfischer

Das Sozialgesetzbuch bezieht diese Personenkreise ausdrücklich in die Rentenversicherungspflicht ein (§ 2 Satz 1 Nr. 4 und Nr. 7 SGB VI). Wir gehen zwar eher davon aus, dass sich Ihre Existenzgründung nicht auf diese Tätigkeitsfelder stützen wird. Falls doch: Wir wünschen Ihnen immer eine Handbreit Wasser unter dem Kiel und empfehlen auch hier, sich umgehend kostenfrei durch die Experten der gesetzlichen Rentenversicherung beraten zu lassen.

Hausgewerbetreibende

Wer ist gemeint? § 12 Abs. 1 SGB IV definiert: Hausgewerbetreibende sind mit eigener Arbeitsstätte selbstständig Tätige, die dort im Auftrag sowie auf Rechnung von anderen tätig sind.

Die Anderen sind: andere Gewerbetreibende oder gemeinnützige Unternehmen sowie öffentlich-rechtliche Körperschaften.

Hausgewerbetreibende haben also einen Auftrag von einem anderen, für diesen etwas zu produzieren oder zu bearbeiten. Dieses findet durch selbst ausgeführte Arbeit in einer eigenen Betriebstätte statt, die räumlich vom Auftraggeber getrennt ist. Die Arbeit erfolgt auf Rechnung des Auftraggebers. Der Hausgewerbetreibende tritt nach außen als selbstständiger Unternehmer auf, der hinsichtlich Zeit, Ort, Umfang und Gestaltung seiner Arbeit keinen Weisungen unterliegt, aber er ist wirtschaftlich von seinem Auftraggeber abhängig. Selbstständige Hausgewerbetreibende sind rentenversicherungspflichtig (§ 2 Satz 1 Nr. 6 SGB VI), auch wenn sie Roh- oder Hilfsstoffe selbst anschaffen. Es gibt allerdings noch eine Besonderheit: Gemäß § 169 Nr. 3 SGB VI müssen die Beiträge je zur Hälfte vom Hausgewerbetreibenden und seinem Auftraggeber getragen werden, der die Gesamtsozialversicherungsbeiträge an die Einzugsstelle abführen muss.

2.13.3 Kann ich von der Rentenversicherungspflicht in der Existenzgründungsphase befreit werden?

Dieser Abschnitt soll Ihnen einen groben Überblick zu Möglichkeiten der Befreiung von der Rentenversicherungspflicht für selbstständig Tätige verschaffen, damit Sie sich bei Bedarf gezielt auf ein kostenloses Beratungsgespräch (persönlich oder telefonisch) bei Ihrer Auskunfts- und Beratungsstelle der gesetzlichen Rentenversicherung vorbereiten können.

Die Befreiung von der Rentenversicherungspflicht ist in § 6 SGB VI in verschiedenen Absätzen geregelt. Für die Existenzgründung können hier folgende drei Sachverhalte relevant sein:

1. Berufsständische Versorgung

§ 6 Absatz 1 Satz 1 SGB VI benennt konkret die Personenkreise, die unter *weiteren* (hier nicht dargelegten) Voraussetzungen (lassen Sie sich beraten!) auf Antrag von der Rentenversicherungspflicht befreit werden können. Es handelt sich um wenige Berufsgruppen, die Mitglieder berufsständischer Versorgungswerke sind, und zwar

- in der Heilkunde selbstständig Tätige: Apotheker, Ärzte, Zahnärzte, Tierärzte
- rechts- und wirtschaftsberatend selbstständig Tätige: Rechtsanwälte, Notare, Steuerberater, Wirtschaftsprüfer
- in technischen Berufe selbstständig Tätige: Architekten, Ingenieure

Üben Sie eine dieser Tätigkeiten aus, wenden Sie sich am besten an Ihren Rentenversicherungsträger zu einem kostenfreien Beratungsgespräch, um sich über die weiteren Befreiungsvoraussetzungen zu informieren.

2. Selbstständig Tätige im Handwerksbetrieb

Selbstständige Handwerker, die nach § 2 Satz 1 Nr. 8 SGB VI als Gewerbetreibende im Handwerksbetrieb der Rentenversicherungspflicht unterliegen, können sich auf Antrag befreien lassen, wenn eine Mindestversicherungszeit von 18 Jahren bereits vorliegt. Weitere Informationen hierzu finden Sie im Abschnitt zu diesem Personenkreis.

3. Selbstständige mit einem Auftraggeber

Der Personenkreis der „Selbstständigen mit einem Auftraggeber unterliegt grundsätzlich der Rentenversicherungspflicht nach § 2 Satz 1 Nr. 9 SGB VI2. Aber: § 6 Absatz 1 a SGB VI benennt zwei Befreiungsmöglichkeiten für diese Personen:

- **befristete Befreiung für drei Jahre:** Es besteht die Möglichkeit, sich auf Antrag für einen Zeitraum von drei Jahren von der Rentenversicherungspflicht befreien zu lassen. Der Dreijahreszeitraum beginnt mit der Aufnahme der Tätigkeit, die zur Rentenversicherungspflicht führt.
- **dauerhafte Befreiung nach Vollendung des 58. Lebensjahres:** Es besteht die Möglichkeit, sich auf Antrag dauerhaft von der Rentenversicherungspflicht befreien zu lassen, wenn vor der Vollendung des 58. Lebensjahres eine selbstständige Tätigkeit ausgeübt wurde, die nicht der Versicherungspflicht unterlag und nach dem 58. Lebensjahr erstmalig eine Versicherungspflicht als Selbstständiger mit einem Auftraggeber besteht. Auch hier sind wieder zwei Szenarien denkbar:

Szenario 1: Die Tätigkeit vor Eintritt der Rentenversicherungspflicht ist dieselbe wie diejenige, die nach Vollendung des 58. Lebensjahres zur Rentenversicherungspflicht führt. Hierzu ein Beispiel:

Beispiel:
Herr Schmidt ist am 03.04.1956 geboren. Er war als Kurierfahrer vom 01.04.2005 bis zum 30.04.2014 als Selbstständiger für mehrere Auftraggeber tätig und unterlag somit nicht der Versicherungspflicht. Seit dem 01.05.2014 ist er überwiegend nur noch für einen Auftraggeber tätig und

unterliegt daher als selbstständig Tätiger mit einem Auftraggeber grundsätzlich der Rentenversicherungspflicht. Eine dauerhafte Befreiung von der Rentenversicherungspflicht in dieser Tätigkeit ist in diesem Fall auf Antrag möglich, da vor Vollendung des 58. Lebensjahres eine selbstständige Tätigkeit ausgeübt wurde und die Rentenversicherungspflicht als Selbstständiger mit einem Auftraggeber bei Herrn Schmidt erst nach Vollendung des 58. Lebensjahres eingetreten ist.

Szenario 2: Die Tätigkeit vor Eintritt der Rentenversicherungspflicht ist *nicht* dieselbe, wie nach Eintritt der Versicherungspflicht. Diesen Fall verdeutlicht folgendes Beispiel:

Beispiel:
Herr Müller ist am 04.03.1956 geboren. Er betrieb einen Zeitungskiosk vom 01.0.2005 bis zum 30.04.2014 und unterlag nicht der Versicherungspflicht. Seit dem 01.05.2014 ist er als Transportunternehmer überwiegend für einen Auftraggeber tätig und unterliegt daher als selbstständig Tätiger mit einem Auftraggeber grundsätzlich der Rentenversicherungspflicht. Eine dauerhafte Befreiung von der Rentenversicherungspflicht in dieser Tätigkeit ist auch in diesem Fall auf Antrag möglich, da vor Vollendung des 58. Lebensjahres eine selbstständige Tätigkeit ausgeübt wurde und die Rentenversicherungspflicht als Selbstständiger mit einem Auftraggeber bei Herrn Müller erst nach Vollendung des 58. Lebensjahres eingetreten ist.

Und wie immer gilt: Bitte nutzen Sie die kostenlose Beratungsmöglichkeit bei Ihrem Rentenversicherungsträger unter den Aspekten eventuell künftig erforderlicher Rehabilitationsmaßnahmen und zur Absicherung gegen das Risiko einer Erwerbsminderung.

3.13.4 Rentenversicherungspflicht auf Antrag

Eventuell fragen Sie sich nach dem Lesen der Überschrift: „Wozu macht es Sinn, sich selber in die Zwangslage zu bringen, Monat für Monat Rentenversicherungsbeiträge zu zahlen?"

Ein wesentlicher Grund ist die Absicherung gegen das Risiko einer Erwerbsminderung, denn **die Rente wegen verminderter Erwerbsfähigkeit** ist eine Leistung der gesetzlichen Rentenversicherung, die gezahlt wird, um ein rentenversicherungspflichtiges Erwerbseinkommen zu ersetzen. Im konkreten Fall heißt das: Ein erlittener Unfall oder eine schwere Krankheit allein ist noch kein ausreichender Anlass, um eine Rente aus der gesetzlichen Rentenversicherung zu erhalten. Fällt also die Hausfrau Frau Meier von der Leiter, braucht hier kein Erwerbseinkommen ersetzt werden, da keines bezogen wurde. Grundsätzlich gilt: Um diese Rente zu erhalten, muss zum einen eine signifikante Erwerbsminderung eingetreten sein, zum anderen muss es sich um einen Pflichtbeitragszahler handeln. Voraussetzung für den Rentenbezug ist, dass im letzten Fünfjahreszeitraum, bevor die Erwerbsminderung eingetreten ist, drei Jahre mit erfolgter Pflichtbeitragszahlung vorliegen. Fällt also z.B. Herr Meier, der sich als Selbstständiger „nicht um seine Rentenversicherung gekümmert hat" von der Leiter und kann sein Geschäft nicht mehr weiterführen, bekommt er – wie Frau Meier – unter Umständen eine Sozialleistung des Staates, jedoch keine Rente wegen verminderter Erwerbsfähigkeit.

Vielleicht sind Sie noch jung und fragen sich: „Weshalb sollte ich mich jetzt in der Startphase meiner Existenzgründung damit befassen?" Die Antwort lautet: Es gibt ein nur bestimmtes **Zeitfenster,** in dem Sie auf Antrag in die gesetzliche Rentenversicherung als versicherungspflichtiger Selbstständiger eintreten können. Und zwar gilt hier eine **Fünfjahresfrist,** das heißt, innerhalb von fünf Jahren nach dem Jahr der Tätigkeitsaufnahme kann eine Rentenversicherungspflicht gemäß § 4 Abs. 2 SGB VI beantragt werden.

Eventuell denken Sie jetzt: „Ach, da habe ich ja noch viel Zeit, eventuell mache ich das im nächsten oder übernächsten Jahr." Und dann machen Sie das (dann erst). Und was wäre, wenn Ihnen später etwas zustößt und die entstandene Beitragslücke jetzt eventuell Renten- oder Reha-Ansprüche verhindert? Es wäre zu kompliziert hier diverse Fallkonstellationen zu schildern. Bitte gehen Sie auf Nummer sicher: Durch eine zeitnahe Beratung beim Rentenversicherungsträger *bevor* Sie Ihr Business starten.

Nachfolgend wichtige Informationen zur „Rentenversicherungspflicht auf Antrag" auf einen Blick:

- Eintritt nur in der „Startphase" (den ersten fünf Jahren) möglich
- Vorteile: Keine Gesundheitsprüfung, altersunabhängiger Beitrag; d.h. eine Absicherung gegen das Risiko einer Erwerbsminderung ist unabhängig von Ihrem Alter und Ihrem Gesundheitszustand.
- Nachteil: Kein Austritt aus der freiwillig begonnenen Pflichtversicherung möglich. Einmal eingetreten, besteht die Rentenversicherungspflicht grundsätzlich so lange, wie die Tätigkeit ausgeübt wird. Es sei denn, das aus dieser Tätigkeit regelmäßig erzielte monatliche Arbeitseinkommen beträgt 450 Euro oder weniger.

Die Rentenversicherungspflicht auf Antrag ist also ein zweischneidiges Schwert. Dennoch sollten Sie sich zumindest kostenfrei durch die Experten der gesetzlichen Rentenversicherung persönlich oder telefonisch beraten lassen, um eine tragfähige Entscheidung treffen zu können.

2.13.5 Was spricht für eine freiwillige Versicherung?

Die Rentabilität von freiwilligen Beiträgen wird an dieser Stelle nicht betrachtet. Aber: Zwei Aspekte sind in Bezug auf eine freiwillige Versicherung besonders wichtig:

- Zum einen kann bei bestimmten Voraussetzungen eine freiwillige Versicherung – beispielsweise in Höhe des monatlichen Mindestbeitrags von 85,05 EUR (2014) – für einen **Anwartschaftserhaltungsschutz auf eine Rente wegen Erwerbsminderung** sorgen (§ 241 Abs. 2 SGB VI). Kurz: Bei besonderen, bereits vorliegenden rentenrechtlichen Voraussetzungen können laufend gezahlte freiwillige Beiträge ausreichen, um sich gegen das Risiko der Erwerbsminderung abzusichern. Lassen Sie sich kostenfrei beraten, ob das bei Ihnen der Fall sein könnte.
- Zum anderen kann durch freiwillige Beiträge die **Mindestversicherungszeit für Rehabilitationsmaßnahmen** erfüllt werden. Die Mindestversicherungszeit, die sogenannte Wartezeit, beträgt 180 Kalendermonate, also 15 Jahre (§ 11 Abs. 1 Nr. 1 SGB VI). Wichtig für eine Existenzgründung ist somit die Erkenntnis, dass eine freiwillige Versicherung auch Sinn macht, um die Mindestversicherungszeit für eine Rehabilitationsmaßnahme zu erreichen.

Sofern Sie vom gesetzlichen Rentenversicherungsträger noch keine „Wartezeitauskunft“ erhalten haben, können Sie sich an Ihren zuständigen Rentenversicherungsträger mit der Bitte um

Auskunft wenden. Denn gegebenenfalls macht es Sinn, zumindest solange freiwillige Beiträge in der Höhe des Mindestbeitrages zu zahlen, bis Sie die Wartezeit von 180 Monaten erfüllt haben, um an Rehabilitationsmaßnahmen teilnehmen zu können, wenn es notwendig ist.

2.13.6 Statusfeststellungs- oder Clearingverfahren

Die Deutsche Rentenversicherung Bund betreibt die bundesweite **Clearingstelle** zur Feststellung, ob Sie aus sozialversicherungsrechtlicher Sicht tatsächlich selbstständig tätig sind oder ob Sie tatsächlich im konkreten Fall in einem Beschäftigungsverhältnis stehen. Dieses Verfahren wird auf Antrag durchgeführt (**optionales Statusfeststellungsverfahren** gemäß § 7a Abs. 1 Satz 1 SGB IV).

Vielleicht denken Sie jetzt: „Ich stelle hier niemals Anträge und habe hiervon noch nie etwas gehört, mich betrifft das nicht." Vorsicht, lesen Sie bitte weiter! Ihr Geschäftspartner bzw. Auftraggeber kann – auch ohne dass Sie es wollen – dieses Anfrageverfahren lostreten. Denn sowohl Ihr Auftraggeber als auch Sie als Aufragnehmer können sich durch ein kostenfreies Verfahren Rechtssicherheit darüber verschaffen, ob im konkreten Fall tatsächlich eine Selbstständigkeit oder vielmehr ein abhängiges Beschäftigungsverhältnis vorliegt. Eine Zustimmung der anderen Vertragspartei ist nicht erforderlich.

Die Anfrage ist nur zu laufenden oder beendeten „Geschäften" möglich. Weitere Voraussetzung für ein Statusfeststellungsverfahren ist, dass vorher keine Entscheidung einer Krankenkasse oder Rentenversicherungsträgers über die Versicherungspflicht des Betroffenen getroffen wurde.

Beim Statusfeststellungsverfahren schaut sich der Staat nach einer entsprechenden Anfrage Ihre Geschäftsbeziehung an und prüft,

- ob ein Beschäftigungsverhältnis besteht und hieraus von Ihrem Auftraggeber und von Ihnen Beiträge zur Renten-, Kranken- Pflege- und Arbeitslosenversicherung zu zahlen sind oder
- ob Ihr Auftraggeber sich zurücklehnen kann und selber nichts an die Sozialversicherungen zahlen muss, weil Sie tatsächlich selbstständig sind. Sind Sie als selbstständig Tätiger rentenversicherungspflichtig, ist das „Ihr (finanzielles) Problem" – und nicht das Ihres Auftraggebers. Ist in dem Verfahren entschieden worden, dass Sie selbstständig und nicht rentenversicherungspflichtig sind, leitet die Clearingstelle diese Informationen in solchen Fällen, in denen eine Rentenversicherungspflicht kraft Gesetzes vorliegen könnte, noch an den zuständigen Rentenversicherungsträger zur Prüfung weiter.

Damit das Verfahren schnell abgeschlossen und damit Klarheit zur Rechtslage geschaffen werden kann, hat der Gesetzgeber einen zeitlichen Rahmen festgelegt und hierzu ein „Druckmittel" geschaffen: Eine Klage auf Erlass einer Statusentscheidung ist bereits nach Ablauf von drei Monaten zulässig (§ 7 a Abs. 7 Satz 2 SGB IV).

Des Weiteren prüft die Clearingstelle Anmeldungen zu Beschäftigungen von Ehegatten, Kindern und Enkeln, sofern Sie als Selbstständiger diese Personenkreise als Ihre Arbeitnehmer bei der Einzugsstelle anmelden (**obligatorisches Statusfeststellungsverfahren** gemäß § 7a Abs. 1 Satz 2 SGB IV).

Schnell den „nichts tuenden" Ehepartner, das Kind oder einen Enkel dem Schein nach als Angestellten anmelden und damit einen Anspruch auf Sozialleistungen wie Arbeitslosengeld, Krankengeld und Rente schaffen?

Lügen haben bekanntlich kurze Beine. Diesen Trick hat der Gesetzgeber mitbekommen und hier eine Prüfung gesetzlich vorgeschrieben. Die Stelle, bei der Sie Ihre Arbeitnehmer anmelden, ist die gesetzliche Krankenkasse in ihrer Funktion als Einzugsstelle für den Gesamtsozialversicherungsbeitrag. Kurz: Die Krankenkasse zieht die Beiträge zur Renten-, Kranken-, Pflege- und Arbeitslosenversicherung ein und leitet diese weiter. Bei der Anmeldung einer Beschäftigung muss der Arbeitgeber angeben, ob es sich um einen Angehörigen handelt (§ 28 a SGB IV). Bemerkt die Einzugsstelle, dass ein Familienangehöriger von Ihnen in einem Arbeitnehmerverhältnis mit einem regelmäßigen Einkommen über 450 Euro monatlich angestellt wird, leitet sie ein obligatorisches Statusfeststellungsverfahren ein, damit geprüft wird, ob dieses Beschäftigungsverhältnis rechtens ist, oder ob hier zu Lasten der Steuer- und Beitragszahler „krumme Dinger" gedreht werden, indem Familienangehörige eingestellt werden, die tatsächlich gar nicht arbeiten.

2.14 Reden Sie über Ihre Idee

Die meisten Existenzgründer reden nicht gerne über ihre Idee. Sie haben Angst, dass hinter jedem Busch jemand lauert, der nur darauf wartet ihre absolut geniale Idee zu kopieren. An dieser Stelle trifft wieder Wunschdenken auf Realität: Es ist nicht die Idee an sich, die den Erfolg bestimmt, sondern die Umsetzung der Idee. Sie können auch mit einer schlechten Idee, die gut umgesetzt ist, sehr erfolgreich werden. Doch mit einer guten Idee, die schlecht umgesetzt ist, werden Sie nur schwerlich Erfolg haben. Und ich kann Sie beruhigen, es wartet nicht hinter jedem Busch jemand, der Ihnen die Idee klaut. Zumal Sie die Idee spätestens mit der Ausbauphase nach außen mitteilen *müssen*. Zudem, sobald Sie an die Öffentlichkeit gehen und Ihre Produkte verkaufen, steht es jedem ohnehin frei, Ihre Idee zu kopieren. Wenn Sie aber nicht das Feedback anderer Menschen nutzen, ist Ihre Idee unter Umständen viel weniger stark, als sie es sein könnte. Sie machen also so oder so einen schlechten Deal.

Trauen Sie sich, öffnen Sie sich! Es ist gerade das Feedback anderer, das Ihre Idee immer weiter entwickelt. Holen Sie sich von jeder Person, von der Sie es kriegen können, Ideen und Anregungen für Ihre Idee. Rufen Sie Experten zu dem Thema an und unterhalten Sie sich mit ihnen darüber. Sie denken vielleicht: „Das klingt so einfach, aber das ist es nicht." Doch das ist es! Sie würden sich wundern, wie offen und hilfsbereit die Menschen sind, wenn Sie sie direkt ansprechen. Sprechen Sie mit anderen Gründern und holen Sie sich Feedback ein. Ihre Idee kann dadurch nur gewinnen. Alles was für Sie interessant ist, nehmen Sie auf. Alles andere vergessen Sie sofort wieder.

Aber seien Sie vorsichtig bei Familie, Freunden und engen Bekannten. Diese Menschen haben in der Regel nur das Beste für

Sie im Sinn. Eine Existenzgründung ist ein vollkommen abwegiges Risiko, das die meisten Menschen weder selbst eingehen würden noch nachvollziehen können, dass jemand das will. Sie verfügen nicht über die gleiche Art zu denken und können sich nicht vorstellen, dass aus einer Idee einmal ein erfolgreiches Unternehmen wird. Diese Menschen werden Ihnen nicht immer nur konstruktives Feedback geben. Vielleicht werden sie sogar versuchen, Sie wieder von Ihrer Idee abzubringen. Nicht weil Sie denken, dass Sie es nicht schaffen können. Nein, weil Sie Angst um Sie haben und Sie vor einer möglichen Enttäuschung beschützen wollen. Nehmen Sie Ihrer Familie die Fürsorge nicht übel. Aber seien Sie auf Sätze wie: „Willst du das wirklich tun?", „Hast du dir das gut überlegt?" oder „Das würde ich aber nochmal gut überdenken!" vorbereitet. Sie sollten Ihre Idee natürlich trotzdem Ihrer Familie erzählen, aber bereiten Sie sich innerlich darauf vor, dass solche Reaktionen kommen können.

Mein Rat an Sie lautet: Öffnen Sie sich so stark und so viel wie möglich nach außen. Denn Feedback ist nur der eine Vorteil. Der andere Vorteil ist, dass Sie Fans für Ihre Idee gewinnen können. Menschen, die von Ihnen und Ihrer Idee begeistert sind und Sie auf irgendeine Art und Weise unterstützen wollen. Und begehen Sie niemals den Fehler, die Macht eines guten Netzwerks und der Fans Ihrer Idee zu unterschätzen!

3. Die Aufbauphase – Kraft in die Umsetzung investieren

Als Aufbauphase können wir alles bezeichnen was nach dem ersten Tag der Existenzgründung geschieht. Im optimalen Fall haben Sie sich schon im Vorfeld mit allen Themen beschäftigt, die in der Aufbauphase auftreten. Aber wirklich zum Tragen kommen sie erst nach der Existenzgründung. Jetzt heißt es, konzentriert und mit voller Kraft an der Existenzgründung zu arbeiten. Versuchen Sie, sich nur auf diese eine Sache zu konzentrieren. Und machen Sie die richtig. Versuchen Sie nicht, mehrere Projekte gleichzeitig zu realisieren. Ihre erste Existenzgründung wird sie vollständig auslasten, und sie werden immer wieder ins Stocken geraten und mit großen Fragezeichen in den Augen dastehen. Versuchen Sie daher, alle Ihre Kraft nur für dieses eine Projekt zu nutzen.

Tipp

Nutzen Sie das KfW-geförderte Gründercoaching. Hierbei können Sie sich in den ersten Monaten Ihrer Existenzgründung begleiten lassen und zahlen im besten Fall nur zehn Prozent der Leistung selbst. Oft gelingt es den Gründerinnen und Gründern dadurch, die gröbsten Fehler zu vermeiden. Ein weiterer Vorteil ist, dass Sie nicht alleine mit Ihren Problemen und Fragen dastehen und jederzeit einen Ansprechpartner haben.

3.1 KfW-Gründercoaching

Das KfW-Gründercoaching ist eine Fördermöglichkeit, bei der Sie nicht Geld sondern Know-how erhalten. Ihnen wird ermöglicht, sich von einem Gründercoach während der Existenzgründung begleiten zu lassen. Das bietet Ihnen den Vorteil, dass Sie die Zahl an Fehlern, die Sie am Anfang machen werden, wahrscheinlich deutlich reduzieren können. Diese Maßnahme hilft Ihnen somit, Ihr Risiko maßgeblich zu senken. Und sie bietet noch einen besonders großen Vorteil, den viele Gründer auf den ersten Blick außer Acht lassen: Sie haben jederzeit jemanden an der Hand, den Sie zu allen wichtigen Themen befragen können. Der Beistand eines Coaches kann also einen außerordentlich positiven Effekt auf Ihre Existenzgründung haben. Denn der Coach hilft Ihnen stets, in der Spur zu bleiben und sich nicht in Gründungsdetails zu verlieren.

Förderhöhe

Grundsätzlich können Sie bei einer Beratung im Wert von 6.000 Euro bis zu 75 Prozent (neue Bundesländer und Lüneburg) bzw. 50 Prozent (alte Bundesländer und Berlin, außer Lüneburg) Förderung bekommen. Das heißt, Sie bekommen bis zu 4.500 Euro in den neuen Bundesländern und bis zu 3.000 Euro in den alten Bundesländern an Zuschuss.

Bei der Existenzgründung aus der Arbeitslosigkeit heraus können Sie sogar bei einer Beratung von 4.000 Euro **bis zu 90 Prozent,** also 3.600 Euro Förderung erhalten.

Ein üblicher Tagessatz für das KfW-Gründercoaching liegt bei 800 Euro. Sie werden also mit ca. 100 Euro pro Stunde rechnen müssen, von denen, wie oben beschrieben, zwischen 50 Prozent und 90 Prozent gefördert werden. Die Maximalbeträge beziehen sich immer auf den Zeitraum einer Förderperiode des (ESF; die aktuelle Förderperiode endet am 31.12.2013), denn dieses Programm ist einer der Schwerpunkte der ESF-Förderung. Die KfW nimmt die Anträge entgegen und verteilt die Gelder.

Ablauf

Der Ablauf ist recht einfach. Zuerst müssen Sie Ihr Unternehmen gegründet haben. Innerhalb der ersten fünf Jahre nach der Existenzgründung können Sie das KfW-Gründercoaching in Anspruch nehmen. Hierfür reichen Sie den ausgefüllten Antrag bei der KfW ein, zusammen mit Ihrer Gewerbeanmeldung oder – als Freiberufler – der Bestätigung vom Finanzamt. Die Bearbeitungszeit für den Antrag liegt in der Regel bei vier bis zehn Wochen. Ab der Bestätigung des Antrags muss das Coaching innerhalb von zwölf Monaten abgeschlossen sein. Sie zahlen Ihren Anteil an den Berater. Ihren Kontoauszug sowie den Abschlussbericht des Beraters reichen Sie bei der KfW ein. Der Berater erhält dann den restlichen Teil der Vergütung von der KfW.

Ablauf bei Existenzgründung aus der Arbeitslosigkeit heraus

Gründen Sie aus der Arbeitslosigkeit heraus, genießen Sie den großen Vorteil, dass bis zu 90 Prozent der Coachingkosten getragen werden. Dafür gelten gleichzeitig ein wenig abweichende Regeln. Zum einen müssen Sie das Coaching innerhalb von einem Jahr nach der Existenzgründung abgeschlossen haben. Zum anderen müssen Sie mit Ihrem Antrag eine Originalbescheinigung einreichen, dass Sie Leistungen nach SGB I oder SGB II beziehen. Außerdem liegt der maximal geförderte Betrag, wie oben beschrieben, bei 4.000 Euro. Auch hier liegt die Bearbeitungszeit bei vier bis zehn Wochen.

Den richtigen Berater finden

Den richtigen Berater zu finden, stellt schon eine deutlich größere Herausforderung dar. Es gibt zwar eine Datenbank mit bei der KfW zugelassenen Beratern, doch umfasst diese mehr als 2.000 Einträge. Welchen Berater wählen Sie also?

Regelmäßig habe ich Kunden im KfW-Gründercoaching, die vor ihrem eigentlichen Berater flüchten. Hierbei habe ich schon die wildesten Geschichten gehört. Berater, die noch nie ein Unternehmen gegründet haben. Oder Berater, die Ihnen mit der Unterschrift auf dem Antrag gleich noch weitere Dienstleistungen (Steuerberater, Konto, Website) dazu verkaufen – egal ob Sie es wollen oder nicht. Berater, die das Geld sofort von Ihnen haben wollen. Oder Berater, die sich nach der Bestätigung des Antrags nicht mehr bei Ihnen melden. Sie sollten extrem acht darauf geben, von wem Sie sich beraten lassen. Da die Prüfkriterien der KfW sehr weich sind, tummeln sich hier viele schwarze Schafe. Hier ein paar Punkte, die Ihnen bei der Auswahl helfen können. Ihr Berater sollte

- ... selbst mindestens ein Unternehmen gegründet haben.
- ... schon seit mindestens zwei oder drei Jahren beraten.
- ... sich auch privat mit dem Thema Existenzgründung auseinandersetzen.
- ... über ein gutes Netzwerk verfügen.
- ... Ihnen nicht sofort einen Vertrag unter die Nase halten.
- ... sich Zeit für Sie nehmen.
- ... Ihnen nicht noch fünf zusätzliche Dienstleistungen andrehen.

Tipp

Nach wie vor ist es schwer einen guten Coach zu finden. Sie können gerne eine Coaching-Anfrage an mich (support@benjamin-michels.de) richten. Stellen Sie mir in wenigen Sätzen Ihre Idee vor und schreiben Sie, wobei Sie Unterstützung brauchen. Allerdings nehme ich nur einen kleinen

Teil der anfragenden Existenzgründer für das KfW-Gründercoaching an. Ich habe Ihnen zudem noch einmal eine Übersicht mit den wichtigsten Links zum KfW-Gründercoaching zusammen gestellt.

3.2 Wie wichtig ist ein Steuerberater?

Der Steuerberater stellt, wenn gut gewählt, eine Investition in ruhige Nächte dar. Sobald Sie Ihr Unternehmen gegründet haben, werden Sie in regelmäßigem Austausch mit dem Finanzamt stehen. Sie werden ihre monatliche Vorsteuererklärung abgeben und sich einmal im Jahr mit Ihrer Steuererklärung abmühen. Doch Sie sind dafür gar nicht ausgebildet. Wahrscheinlich sind Sie weder Steuerfachangstellte(r) noch haben Sie Steuerrecht studiert. Was spricht dann dafür, diese Tätigkeiten selbst auszuführen? Das Geld, das Sie sparen?

Wenn Sie ein Unternehmen gründen, dann sollte so viel Geld drin sein, dass Sie sich eine gute Steuerberatung leisten können. Denn es ist weder Ihr Fachgebiet noch können Sie auch nur annähernd auf dem neuesten rechtlichen Stand bleiben. Die einzig sinnvolle Lösung ist, die steuerlichen Arbeiten abzugeben und sich professionelle Unterstützung zu holen. Sie haben die Möglichkeit, die Belege selbst zu sortieren oder für den Steuerberater in eine Exceldatei einzugeben und ihm digital zu übermitteln. Das wird die Kosten für die Steuerberatung senken. Doch sollten Sie auf keinen Fall für die Jahressteuerklärung auf Ihren Steuerberater verzichten. Meine Erfahrung zeigt, dass das eine sehr kurzfristige Rechnung ist, die nicht aufgeht.

Die einzige Ausnahme mögen hier die wenigen Freiberufler bilden, die sehr einfache Steuerklärungen haben. Durch eine Softwareunterstützung können Sie die Belege verwalten und sowohl die monatlichen (oder vierteljährlichen) Umsatzsteuererklärungen als auch die Jahressteuererklärung erzeugen. Doch mein Erfahrung aus der Gründerberatung zeigt, dass Sie in der Regel mit einem Steuerberater besser aufgestellt sind.

Doch seien Sie auch mit Steuerberater weiterhin vorsichtig. Denn nur weil Sie einen Steuerberater zur Hand haben, heißt das nicht, dass Sie Ihren Kopf ausschalten können. Am Ende setzen Sie immer noch selbst Ihre Unterschrift unter die Steuererklärung und Sie haften damit auch selbst dafür. Versuchen Sie also immer, das was der Steuerberater Ihnen dort erklären möchte, zu verstehen. Fragen Sie nach. Seien Sie neugierig und aufgeschlossen. Recherchieren Sie Wörter, die Sie nicht verstehen und hinterfragen Sie Zusammenhänge, die für Sie scheinbar keinen Sinn ergeben. Zur Not lassen Sie sich ein Thema fünfmal erklären. Sie zahlen schließlich für diese Dienstleistung.

Holen Sie sich generell so viel Unterstützung vom Steuerberater wie Sie brauchen. Entwerfen Sie Ihren Rechnungsbogen und lassen Sie den Steuerberater noch einmal drüberschauen, ob er die Mindestanforderungen erfüllt. Lassen Sie den Steuerberater Rechnungen prüfen und holen Sie sich Antworten, wenn Sie Fragen haben. Doch lassen Sie den Steuerberater nicht Ihre Finanzplanung machen. Dafür sind nur die wenigsten Steuerberater wirklich qualifiziert. Planen Sie selbst Ihre Finanzen und behalten Sie selbst den Überblick, es ist schließlich Ihr Geld.

Tipp

Sie sind verpflichtet, Ihre Rechnungen, Belege und steuerlichen Unterlagen zehn Jahre lang aufzubewahren. So müssen Sie zum Beispiel bei Thermodruck-Belegen darauf achten, dass diese auch nach fünf Jahren noch lesbar sind. Thermodruck bleicht nach sechs bis zehn Monaten aus. Kopieren Sie diese Belege also, und heften Sie den Originalbeleg an die Kopie.

Hier finden Sie noch einmal ein paar Gedanken und ein Video dazu, ob Sie einen Steuerberater brauchen.

3.3 Ämter, Behörden und Passierschein A38

Wer kennt nicht die Szene zu Passierschein A38 aus „Asterix erobert Rom". Leider gestaltet sich die Zusammenarbeit mit deutschen Ämtern und ihrer Bürokratie oft ähnlich. Doch als Gründer müssen Sie akzeptieren, dass Sie dieses System (erst einmal) nicht ändern können. Verschwenden Sie Ihre Kraft nicht darauf, gegen Behörden und Ämter anzukämpfen. Versuchen Sie, mit dem Strom zu schwimmen und möglichst gleichmütig und konzentriert alle Angelegenheiten, die Sie mit oder in Ämtern zu regeln haben, hinter sich zu bringen.

Für Sie als Gründer gibt es mehrere Ämter, die wichtig sind. Welche das sind, das hängt allerdings stark davon ab, welchen Weg Sie einschlagen und was Sie genau vorhaben.

3.3.1 Gewerbeamt

Das Gewerbeamt ist die erste Anlaufstelle, wenn Sie ein Gewerbe gründen. Sollten Sie eine freiberufliche Tätigkeit anmelden, brauchen Sie diesen Absatz nicht weiter zu lesen, weil Sie dann nicht unter die Gewerbeordnung fallen und somit auch kein Gewerbe anmelden müssen. Für alle anderen Gründer ist der Gang zum Gewerbeamt obligatorisch. Im Grund genommen ist es recht einfach: Sie laden sich von Ihrem jeweiligen Gewerbeamt eine Gewerbeanmeldung runter. Diese füllen Sie aus. Die ausgefüllte Gewerbeanmeldung übermitteln Sie per Post oder persönlich an das Gewerbeamt. Nun müssen Sie noch die Anmeldegebühr bezahlen. Dann werden Sie innerhalb weniger Tage oder Wochen, je nach Auslastung Ihres Amtes, Ihren Gewerbeschein erhalten. Damit ist Ihr Unternehmen gegründet. Herzlichen Glückwunsch!

Tipp

Hier finden Sie eine Anleitung zum Ausfüllen der Gewerbeanmeldung.

3.3.2 Finanzamt

Sollten Sie ein Gewerbe angemeldet haben, so erfährt das Finanzamt durch das Gewerbeamt von Ihnen. Trotzdem müssen Sie selbst dort vorstellig werden und Ihre steuerliche Anmeldung beim Finanzamt vornehmen. Wenn Sie freiberuflich tätig sein wollen, so müssen Sie ebenfalls die steuerliche Anmeldung vornehmen und dem Finanzamt mitteilen, im welchem Bereich Sie Ihre Tätigkeit aufnehmen wollen. In dieser steuerlichen Anmeldung können Sie wählen, ob Sie Kleinunternehmerregelung nutzen wollen. Gleichzeitig geben Sie im Antrag eine Schätzung über Ihre erwarteten Umsätze und Gewinne ab. Das Finanzamt schätzt dann, wie viel Steuern Sie abzuführen haben. Es empfiehlt sich, einen geringen Betrag oder 0 Euro anzugeben, damit Sie im ersten Jahr keine Vorauszahlungen leisten müssen. Dadurch schonen Sie Ihre Liquidität, wenn die erwarteten Umsätze ausbleiben. Bleiben Sie aber auch hier halbwegs realistisch. In der Regel sollte es keine negativen Folgen für Sie haben, wenn Sie sehr gering schätzen.

Aus meinen letzten 15 Jahren als Unternehmer kann ich nur sagen, dass die Kommunikation mit dem Finanzamt stets freundlich und unkompliziert war. Bisher konnte ich alle Fragen und Probleme mit einem kurzen Telefonat klären. Meistens sind die Mitarbeiter beim Finanzamt sehr hilfsbereit. Also scheuen Sie sich nicht, bei einer Frage anzurufen und Ihre Probleme direkt zu klären.

Vom Finanzamt erhalten Sie dann auch Ihre Steuernummer. Die Steuernummer muss auf den Rechnungen stehen, die Sie an Ihre Kunden stellen. Egal wie klein auch Ihre Umsätze sein mögen, Sie müssen sich zumindest bei Ihrem Finanzamt melden. Es kann sein, dass Ihnen das Finanzamt mitteilt, dass Sie Umsätze bis zu einem bestimmten Betrag nicht übermitteln müssen. Aber bitte verstecken Sie sich nicht hinter dem Irrglauben, dass man sich erst ab einem bestimmten Betrag bei dem Finanzamt melden müsse. Melden Sie sich direkt an, wenn Sie Ihr Gewerbe anmelden, ihre freiberufliche Tätigkeit beginnen oder ein Umsatz auf Ihrem Konto eingeht. Das erspart Ihnen langfristig viel Ärger und Stress!

Sollten Sie die sinnvolle Entscheidung treffen, sich von einem Steuerberater vertreten zu lassen, so sollte dieser mit Ihnen die steuerliche Anmeldung ausführen. Er wird Sie dann auch gegenüber dem Finanzamt vertreten und jegliche Kommunikation übernehmen.

3.3.3 Bauamt

Das Bauamt ist immer dann relevant für Sie, wenn Sie bauliche Veränderungen vornehmen wollen. Sie wollen ein Spa eröffnen und müssen größere bauliche Veränderung durchführen? Dann sollten Sie das Bauamt aufsuchen und klären, ob Sie dafür eine Baugenehmigung benötigen. Noch einfacher wird es, wenn Sie sich in diesem Schritt von einem Architekten unterstützen lassen. Dieser kann Sie beraten und wird auch die Beantragung einer Baugenehmigung für Sie übernehmen.

3.3.4 Gesundheitsamt

Beim Gesundheitsamt müssen Sie sich immer dann melden, wenn Sie mit Lebensmitteln arbeiten wollen. Ganz gleich, ob Sie eine Küche planen, einen Verkaufsraum, einen Supermarkt oder eine Fleischerei: Das Gesundheitsamt hat ein Wörtchen mitzureden. Sie erhalten Ihre Freigabe, diese Tätigkeit durchzuführen erst in dem Moment, in dem das Gesundheitsamt sie erteilt.

Es ist sinnvoll, auch das Gesundheitsamt möglichst frühzeitig in die eigene Planung mit einzubeziehen. Nutzen Sie die Möglichkeit eines Beratungsgesprächs im Amt, und stellen Sie Ihre Idee vor. Lassen Sie sich zu den Anforderungen und Bedingungen beraten, und versuchen Sie sich auf diese Weise bestmöglich abzusichern. Denn es gibt wenig Schlimmeres, als wenn Sie Ihr Geschäft eröffnen wollen, und das Gesundheitsamt macht Ihnen einen Strich durch die Rechnung.

Ebenfalls an das Gesundheitsamt wenden müssen sich Kosmetik- und Fußpflegestudios, Podologiepraxen sowie Tattoo- und Piercingstudios, da Sie dem Infektionsschutzgesetz und der Infektionshygieneverordnung vom 18. März 2003 unterliegen. Hinsichtlich der Einhaltung von Hygienebestimmungen werden sie vom Gesundheitsamt überwacht.

3.3.5 Bezirksamt / Stadt- oder Gemeindeverwaltung

Das Bezirksamt oder die zuständige Stadt-, Verbandsgemeinde- oder Gemeindeverwaltung ist Ihre erste Anlaufstelle, wenn es um Freigaben und Genehmigungen geht. Sie wollen Werbematerial verteilen? Sie brauchen eine Gaststättenerlaubnis? Sie brauchen eine Erlaubnis gemäß § 34c Gewerbeordnung (Makler, Baubetreuer, Bauträger, Anlageberater)? Sie wollen ein Pfandleihgewerbe (§ 34 Gewerbeordnung), ein Bewachungsgewerbe (§ 34a Gewerbeordnung) oder ein Versteigerungsgewerbe (§ 34b Gewerbeordnung) gründen? Sie brauchen eine Reisegewerbekarte, weil Sie auf öffentlichem Straßenland verkaufen wollen? Sie wollen eine Spielhalle eröffnen? Sie wollen ein Feuerwerk veranstalten? In all diesen Fällen müssen Sie zum Bezirksamt oder zur Stadtverwaltung bzw. zur Verbandsgemeinde- oder Gemeindeverwaltung.

Sie sehen, das Bezirksamt bzw. die Stadt- oder Gemeindeverwaltung ist für eine Vielzahl von Anträgen die erste Anlaufstelle. Und als zentrale Anlaufstelle eignen sich diese Behörden allemal. Denn im Zweifelsfall wird man Sie hier an ein anderes, für Ihre jeweiligen Belange zuständiges Amt weiterverweisen können.

3.3.6 UID – Umsatzsteueridentifikationsnummer

Die Umsatzsteueridentifikationsnummer benötigen Sie für den innergemeinschaftlichen Handel innerhalb der EU. Die sogenannte UID ermöglich es Ihnen, Waren außerhalb von Deutschland, aber innerhalb der EU umsatzsteuerfrei zu beziehen. Sie müssen also nicht die ausländische Umsatzsteuer zahlen, sondern führen nur die deutsche bzw. die inländische Umsatzsteuer ab. Dies vereinfacht den innereuropäischen Handel maßgeblich.

Wenn Sie Ihr Unternehmen neu gründen, können Sie die UID direkt beim Finanzamt mit dem Fragebogen zur steuerlichen Erfassung beantragen. Ihr Antrag wird dann an das Bundeszentralamt für Steuern übermittelt, von dem Sie eine UID zugewiesen bekommen.

Alternativ können Sie Ihren Antrag auch online stellen. Auf der rechten Seite finden Sie den Link zur Vergabe einer USt-ID.

Oder Sie stellen Ihren Antrag schriftlich an das Bundeszentralamt für Steuern, Dienstsitz Saarlouis, 66738 Saarlouis, Telefax: +49-(0)228-406-3801.

Ein praktischer Nebeneffekt ist, dass Sie auf Ihren ausgehenden Rechnungen statt Ihrer Steuernummer auch nur Ihre UID angeben können.

3.3.7 Die Industrie und Handelskammer (IHK)

Die IHK ist die Interessenvertretung der Wirtschaft. Sie vereinigt alle Gewerbetreibenden unter sich, also alle angemeldeten Gewerbe bzw. alle Unternehmen, die gewerbesteuerpflichtig sind. Die IHK ist in regionalen Zentren organisiert, für die teilweise unterschiedliche Richtlinien gelten. Die Pflicht zur Mitgliedschaft in der IHK ist im „Gesetz zur vorläufigen Regelung des Rechts der Industrie- und Handelskammern" (IHKG) geregelt. Ebenso ist dort die Höhe der Beiträge geregelt. Die IHK Berlin schreibt hierzu:

"Gemäß § 3 Abs. 2 ff. des IHKG ist mit der IHK-Mitgliedschaft auch grundsätzlich die Pflicht zur Zahlung eines Mitgliedsbeitrages verbunden. Dies gilt unabhängig von einer tatsächlichen Inanspruchnahme der IHK durch das jeweilige Mitglied." (IHK Berlin 2013).

Bei Einzelunternehmern und bei Personengesellschaften beginnt die Mitgliedschaft in der IHK mit der Aufnahme der gewerblichen Tätigkeit. Bei Kapitalgesellschaften und Genossenschaften beginnt die Mitgliedschaft bereits mit der Eintragung in das Handels- oder Genossenschaftsregister.

Der Beitrag der IHK gliedert sich in zwei Beträge, den Grundbeitrag und den Umlagebeitrag.

Grundbeitrag

Der Grundbeitrag bestimmt sich anhand der Unterscheidung von Kleinunternehmen und Unternehmen, die im Handelsregister eingetragen sind. Bei Handelsregisterunternehmen kann zudem die Zahl der Mitarbeiter die Höhe des Beitrags beeinflussen. Die IHK Reutlingen schreibt hierzu:

*"**1.) Handelsregister-Unternehmen** (Unternehmen, die im Handelsregister eingetragen sind oder deren Gewerbebetrieb nach Art oder Umfang einen in kaufmännischer Weise eingerichteten Geschäftsbetrieb erfordert)*

Ertrag / Gewinn mindestens	***2013 - 2005***
0,00 Euro (oder Verlust)	*180,00 Euro*
25.000,00 Euro	*200,00 Euro*
50.000,00 Euro	*250,00 Euro*
100.000,00 Euro	*300,00 Euro*
150.000,00 Euro	*400,00 Euro*
250.000,00 Euro	*500,00 Euro*
500.000,00 Euro	*800,00 Euro*
1.000.000,00 Euro	*1.500,00 Euro*

Der Grundbeitrag richtet sich nach dem Gewerbeertrag /Gewinn aus Gewerbebetrieb, sofern sich nicht aufgrund der Mitarbeiterzahl ein höherer Grundbeitrag ergibt.

Mitarbeiterzahl ab	***2013 – 2005***
10	*220,00 Euro*
20	*300,00 Euro*
50	*400,00 Euro*
100	*600,00 Euro*
200	*1.000,00 Euro*

500	*2.000,00 Euro*
1.000	*3.000,00 Euro*

2.) Kleinunternehmen

Ertrag / Gewinn	***2013 – 2005***
bis 5.200,00 Euro	*beitragsfrei*
ab 5.200,01 Euro	*40,00 Euro*
25.000,00 Euro	*70,00 Euro*
50.000,00 Euro	*130,00 Euro*
100.000,00 Euro	*250,00 Euro*
150.000,00 Euro	*350,00 Euro*
250.000,00 Euro	*500,00 Euro*
500.000,00 Euro	*800,00 Euro*
1.000.000,00 Euro	*1.500,00 Euro"*

(IHK Reutlingen 2013a)

Umlagebeitrag

Der Umlagebeitrag bezieht sich ebenfalls auf den Gewinn aus Gewerbebetrieb und beträgt 0,18 Prozent im Jahr 2013.

Beiträge für Existenzgründer

Für Existenzgründer hat die IHK eine Sonderregelung getroffen:

"Nicht im Handelsregister eingetragene natürliche Personen, die ihr Gewerbe nach dem 31. Dezember 2003 angezeigt und in den letzten fünf Wirtschaftsjahren vor ihrer Betriebseröffnung weder Einkünfte aus Land- und Forstwirtschaft, Gewerbebetrieb oder selbständiger Arbeit erzielt haben noch an einer Kapitalgesellschaft mittelbar oder unmittelbar zu mehr als einem Zehntel beteiligt waren, sind für das Geschäftsjahr der IHK, in dem die Betriebseröffnung erfolgt, und für das darauf folgende Jahr von der Umlage

und vom Grundbeitrag sowie für das dritte und vierte Jahr von der Umlage befreit, wenn ihr Gewerbeertrag hilfsweise Gewinn aus Gewerbebetrieb 25.000 Euro nicht übersteigt." (IHK Reutlingen 2013b).

Vorteile der IHK

Unabhängig davon, ob Sie Mitglied sind oder nicht, kann Ihnen die IHK eine Vielzahl an Vorteilen bieten. So bietet sie regelmäßig Weiterbildungen und Informationsveranstaltungen zu unterschiedlichen Themen an. Zusätzlich können Sie bei allgemeinen Fragen und Problemen rund um Existenzgründung, Recherchen und Rechtsfragen stets zum Hörer greifen und die IHK in Ihrer Nähe anrufen. Oft kann Ihnen hier weitergeholfen werden, und Sie werden an eine kompetente Fachkraft weiter vermittelt. Nutzen Sie das! Zusätzlich können Sie bei der IHK Datensätze (Name, Adresse, Telefon, Email, Umsatz, Mitarbeiter, …) über Unternehmen kaufen. Hier werden Sie auch zu ausländischen Handelskammern weitervermittelt, wenn Sie im Ausland Handel treiben wollen oder dort zum Beispiel Datensätze von Unternehmen kaufen wollen.

3.3.8 Die Handwerkskammer (HWK)

Die Handwerkskammer vereint die handwerklichen Betriebe unter sich. Die Mitgliedschaft in der Handwerkskammer befreit von der Mitgliedschaft in der Industrie und Handelskammer und ist für bestimmte handwerkliche Betriebe Pflicht – sie müssen in der Handwerksrolle eingetragen sein. Ebenfalls ist die Ausführung bestimmter handwerklicher Berufe durch die HWK begrenzt. Zum Beispiel müssen Sie ein Meister sein oder einen Meister im Betrieb haben, um Dachdeckerarbeiten auszuführen. Die Handwerkskammer ist wie die IHK regional organisiert. Die

Beiträge werden von der jeweiligen regionalen Handwerkskammer festgelegt.

3.3.9 Standeskammern

Als Freiberuflerin oder Freiberufler sind Sie, sofern Sie nicht im Handelsregister eingetragen sind, von der Mitgliedschaft in der IHK befreit. Unter Umständen müssen Sie jedoch Mitglied in einer Standeskammer sein. Über den Bundesverband der freien Berufe erfahren Sie, welche Standeskammer für Sie zuständig ist. Bei Ihrer jeweiligen Standeskammer erfahren Sie dann, ob eine Pflicht zur Mitgliedschaft besteht. Ein solcher Kammerzwang besteht zum Beispiel für Ärzte, Rechtsanwälte, Architekten und Steuerberater.

3.4 Das Konto – Haben oder Soll?

Es bietet sich an, von Anfang an ein eigenes **Geschäftskonto** für Ihre Existenzgründung zu führen. Alle Eingänge (Umsätze) und Ausgänge (Kosten) sollten über das Geschäftskonto laufen. Hierdurch erleichtern Sie dem Steuerberater seine Arbeit, und gleichzeitig wird eine mögliche Steuerprüfung nicht so unangenehm, da nicht zusätzlich Ihre Privatkonten geprüft werden müssen, weil dort Zahlungseingänge von Kunden erfolgt sind.

Ein Geschäftskonto sollte Sie nicht mehr als zwei bis fünf Euro im Monat kosten. Kontoauszüge sollten Sie monatlich sammeln und an Ihren Steuerberater übermitteln. Die Kontoführungsgebühren gelten als Ausgabe für das Unternehmen und senken Ihren Gewinn.

3.5 Versicherungen – Welchen Schutz benötigen Sie?

Versicherungen sind für viele Existenzgründer ein leidiges Thema, das dennoch nicht ignoriert werden sollte. Gerade wenn Sie in die Selbstständigkeit eintreten, treffen Sie wesentlich bewusster die Entscheidung, für sich selbst verantwortlich zu sein und sich selbstständig um ihren eigenen Schutz zu sorgen. Denn als Angestellter oder Angestellte zahlen und nutzen Sie automatisch Pflegeversicherung, Krankenversicherung, Unfallversicherung und Arbeitslosigkeitsversicherung. In der Selbstständigkeit haben Sie keine dieser Versicherungen automatisch. Verpflichtet sind Sie ausschließlich zur Krankenversicherung. Trotzdem empfehle ich Ihnen, sich mit den unterschiedlichen Versicherungen auseinanderzusetzen.

Welche Versicherungen Sie für Ihre private und berufliche Lebensplanung nutzen wollen, bleibt natürlich Ihnen überlassen. Versicherungen stellen immer einen Schutz für ein *vielleicht* eintretendes Risiko dar. Je größer die Wahrscheinlichkeit ist, dass ein Risiko eintritt, desto mehr werden Sie in der Regel auch für eine Versicherung bezahlen müssen. Gerade das Thema Versicherungen müssen Sie gut überdenken, damit Sie am Ende des Tages gut schlafen können. Wenn Sie sich als Industriekletterer selbstständig machen und auf eine Unfallversicherung verzichten, weil Sie sich die 30 Euro im Monat nicht leisten können, so ist das nicht unbedingt eine gute Entscheidung. Zum einen ist die Wahrscheinlichkeit, dass es zu einem Unfall kommt bei Ihnen relativ hoch. Zum anderen sollten Sie sich überlegen, ob Sie sich wirklich in einem Bereich selbstständig machen wollen, für den Sie sich nicht einmal eine günstige Unfallversicherung leisten können.

Wie viel Sie im Einzelfall für eine einzelne Versicherung zu zahlen haben, ist von dem Vertrag, der Versicherung, der Höhe des Schutzes und oft auch von Ihrem Gesundheitszustand abhängig. Hier kann man kaum eine pauschale Aussage treffen. Es empfiehlt sich, dass Sie sich hierfür mit einem unabhängigen Versicherungs- oder Finanzmakler treffen, um die für Sie besten Versicherungsangebote zu identifizieren. Nach Möglichkeit sollten Sie zudem mindestens zwei Makler kontaktieren und deren beratende Leistung wie auch die angebotenen Versicherungen vergleichen.

Tipp

Unabhängig ist ein Makler dann, wenn er nicht für eine einzige Versicherung arbeitet. Ob das im Einzelfall zutrifft, finden Sie spätestens dann heraus, wenn Sie das Büro des Maklers betreten oder seine Unterlagen zugeschickt bekommen.

3.5.1 Krankenversicherung

Die Krankenversicherung ist die einzige Pflichtversicherung für Selbstständige. Sie müssen krankenversichert sein! Diese Pflicht besteht zwar erst seit ein paar Jahren, stellt jedoch eine sinnvolle gesetzliche Änderung dar. In der Regel werden Sie vor Ihrer Selbstständigkeit gesetzlich versichert gewesen sein. Eine Existenzgründung stellt keinen Zwang dar, die Versicherung zu verlassen. Sie können Ihrer Versicherung mitteilen, dass Sie nun selbstständig arbeiten werden (als Gewerbetreibender, als GmbH-Geschäftsführerin, als Freiberufler, ...) und können dort nach einem günstigen Tarif für Existenzgründer fragen.

Wenn Sie die Chance nutzen wollen, haben Sie die Möglichkeit, in eine private Krankenversicherung zu wechseln. Ob das möglich ist, hängt natürlich maßgeblich von Ihrem Gesundheitszustand ab und davon, ob die private Krankenversicherung Sie aufnehmen möchte. Hierfür ist in der Regel eine Gesundheitsprüfung notwendig oder zumindest eine Übermittlung der Arztbesuche und Diagnosen der letzten fünf bis zehn Jahre. Einmal in der privaten Krankenversicherung angekommen, haben Sie noch ein einziges Mal die Möglichkeit, in die gesetzliche Krankenversicherung zurück zu wechseln, damit sind Ihre Wahlmöglichkeiten dann aber auch erschöpft.

Der wesentliche Unterschied zwischen der gesetzlichen Krankenkasse und der privaten Krankenkasse liegt in der Form der Beitragsberechnung. In der **privaten Krankenkasse** zahlen Sie einen Beitrag, der sich an Ihrem Risiko, krank zu werden bzw. Kosten zu verursachen orientiert. Ob Sie nun 10.000 Euro oder 0 Euro verdienen, spielt hierbei keine Rolle. In der **gesetzlichen Krankenkasse** hingegen orientiert sich Ihr Beitrag am Einkommen. Allerdings wird im Allgemeinen als Beitragsbemessungsgrundlage ein monatliches Einkommen von 2021,25 Euro angenommen, auch wenn das tatsächliche Einkommen niedriger ist. Nur wenn Sie den Gründungszuschuss der Agentur für Arbeit bekommen, sinkt die Beitragsbemessungsgrundlage auf 1347,50 Euro monatlich. Dieser Beitrag wird auch bei einer Härtefallregelung als Mindesteinkommen angesetzt, die Sie unter bestimmten Bedingungen beantragen können. Nähere Informationen finden Sie auf der Internetpräsenz der deutschen Krankenkassen. Wollen Sie den allgemeinen Beitragssatz mit der Zahlung von Krankentagegeld ab der siebten Woche nutzen, so liegen sie seit 2011 bei 15,5 Prozent. Wollen Sie auf das Krankentagegeld verzichten, so liegen Sie bei 14,9 Prozent ihres Einkommens. Die jeweils gültigen Werte erfahren Sie bei Ihrer Krankenkasse.

Tipp

Vergleichen Sie Beiträge und Leistungen der Krankenkassen miteinander, dafür können Sie Vergleichsportale im Internet nutzen oder sich beim Bund der Versicherten informieren.

3.5.2 Künstlersozialkasse

Die Künstlersozialkasse ist eine vom Staat eingerichtete Institution, um Künstler und Publizisten zu unterstützen. Als freiberufliche Künstler oder Publizisten unterliegen Sie oberhalb eines bestimmten Jahreseinkommens der Versicherungspflicht nach dem Künstlersozialversicherungsgesetz (KSVG). Wenn Sie in diese Berufsgruppen fallen, stellen Sie einen Antrag auf Prüfung der Versicherungspflicht bei der Künstlersozialkasse, übermitteln Ihre Einkünfte und Kosten aus künstlerischer oder publizistischer Tätigkeit und beschreiben die Tätigkeit, die Sie ausführen. Die Mitarbeitenden der Künstlersozialkasse entscheiden dann darüber, ob die Voraussetzungen vorliegen, um über die Künstlersozialkasse versichert zu werden. Liegen diese vor, so zahlen Sie an die Künstlersozialkasse von Ihrem tatsächlichen Einkommen abhängige Beiträge zur Renten-, Kranken- und Pflegeversicherung. Die Künstlersozialkasse, eine Abteilung der Unfallkasse des Bundes, stockt diese, ähnlich dem Arbeitgeberanteil bei Angestellten, auf und übermittelt die Beiträge an die Rentenversicherungsträger bzw. Ihre Krankenkasse.

Tipp

Welche Berufe genau unter die Versicherungspflicht gemäß KSVG fallen, können Sie aus dem Antragsformular zur Prüfung der Versicherungspflicht ersehen, das Sie auf der Internetseite der Künstlersozialkasse herunterladen können, ebenso wie Informationen zur Beitragshöhe.

3.5.3 Krankentagegeld

Das Krankentagegeld stellt eine Absicherung vor krankheitsbedingtem Einkommensausfall dar. Als Selbstständiger leiden Sie unter dem Problem, dass Sie in der Regel nur Geld verdienen, wenn Sie arbeiten. In dem Moment, in dem Sie krank sind, haben Sie einen Verdienstausfall zu beklagen. Diesen Ausfall können Sie durch eine Krankentagegeldversicherung mindern. Sie haben die Möglichkeit zu wählen, wie hoch die Absicherung sein soll und ab wann die Versicherung zahlen soll. Die meisten Verträge sehen, wie in der gesetzlichen Krankenkasse, ein Krankentagegeld ab der siebten Krankheitswoche vor. Dann erhalten Sie einen festen Satz für jeden Tag, an dem Sie krankgeschrieben sind. Würden Sie sich mit 70 Euro pro Tag versichert haben, so würden Sie in einem Monat mit 30 Tagen insgesamt 2.100 Euro erhalten. Wichtig ist hierbei jedoch, dass Sie im Krankheitsfall nicht bessergestellt sein dürfen. Versichern Sie sich also für 3.000 Euro, verdienen regelmäßig aber nur 2.000 Euro, so wird die Versicherung Ihr Krankentagegeld auf diesen Betrag absenken.

3.5.4 Unfallversicherung

Diese Versicherung bietet Ihnen Schutz, wenn Sie durch einen Unfall eine langfristige Schädigung davontragen. Hierbei kann es sich z. B. um einen verlorenen Finger handeln, um den Verlust des Augenlichts oder eine Rückenschädigung. Die Unfallversicherung zahlt Ihnen einmalig einen Betrag, der im Falle der **privaten Unfallversicherung** vor allem den Kapitalbedarf decken soll, der durch den erlittenen Schaden entsteht. Die Höhe dieser sogenannten **Invaliditätssumme** ist im Vertrag geregelt. Diese Versicherung ist in der Regel mit einer Gesundheitsprüfung verbunden. Zusätzlich müssen Sie Ihre ausgeführte Arbeit sowie Ihre Sportarten angeben, um Ihre Risikoklasse und damit Ihren

Beitrag bestimmen zu lassen. Wie zu erwarten, muss ein Autor der keine Sportart betreibt und kein Risikohobby hat, in der Regel weniger Beitrag zahlen als ein Baumpfleger, der in Baumkronen klettert und dort mit Kettensägen hantiert. Als Selbstständiger können Sie sich zudem freiwillig bei der **gesetzlichen Unfallversicherung** versichern, die nur bei Arbeitsunfällen eintritt und deren Leistungen sich nach dem Grad der Erwerbsminderung richten.

3.5.5 Berufsunfähigkeitsversicherung

Den Anschluss zur Krankentagegeldversicherung stellt die Berufsunfähigkeitsversicherung dar. Bei einer Krankheit gibt es zwei mögliche Verläufe: Bei einem erfreulichen Verlauf werden Sie irgendwann gesund und können Ihrer Arbeit wieder nachgehen. Im Falle eines unerfreulichen Verlaufs kommt es nicht zur Genesung. Ab dem Zeitpunkt, zu dem klar wird, dass eine permanente Beeinträchtigung vorliegt, wird sich Ihre Krankentagegeldversicherung von der Zahlungspflicht zurückziehen und an die Berufsunfähigkeitsversicherung übergeben. Beide Versicherungen arbeiten mit der gleichen Logik von Tagessatz und Besserstellung. Bei der Berufsunfähigkeitsversicherung ist es besonders wichtig, auf die Details des Vertrags zu achten. So gibt es Versicherungen, die zahlen, wenn Sie Ihren *aktuellen* Beruf nicht mehr ausüben können **(Berufsunfähigkeit).** Und es gibt Versicherungen, die nur zahlen, wenn Sie *keinen* Beruf mehr ausüben können **(Erwerbsunfähigkeit).** Stellen Sie sich vor, Sie sind selbstständiger Architekt. Durch eine Krankheit können Sie Ihre Hände nicht mehr ruhig halten und damit Ihren Beruf als Architekt nicht mehr ausüben. Doch Ihre Berufsunfähigkeitsversicherung teilt Ihnen mit, dass es einen interessanten Job als Nachtwächter ganz bei Ihnen in der Nähe gibt. Diesen Beruf können Sie auch mit Ihrer Krankheit ausüben. Die exakte Prüfung der

Verträge stellt also auch bei dieser Versicherung einen sehr wichtigen Punkt dar.

3.5.6 Altersvorsorge

Die Altersvorsorge ist ebenfalls eine essenzielle Absicherung, die Sie nicht zu kurz kommen lassen sollten. Sie haben selbst nach 40 Jahren Selbstständigkeit keinen Anspruch auf Rente, wenn Sie nicht privat in die Rentenkasse eingezahlt haben oder eine private Altersvorsorge abgeschlossen haben. Sollten Sie mit 70 Jahren nicht mehr arbeiten können, aber selbst keine Absicherung getroffen haben, so bleibt Ihnen nur noch die Sozialhilfe. Aus diesem Grund sollten Sie sich so früh wie möglich um Ihre eigene Vorsorge kümmern. Oft bieten entsprechende Dienstleister Modelle an, bei denen Sie am Anfang Ihrer Existenzgründung nur sehr wenig einzahlen. Dieser Beitrag steigt mit der Zeit immer weiter, bis er seinen Zielwert erreicht hat. Ihr Versicherungsmakler oder Finanzberater wird Ihnen helfen, den für Sie richtigen Tarif zu finden. Wollen Sie ab 63 Jahren eine monatliche Zahlung bis ans Lebensende erhalten oder doch lieber mit 67 Jahren einen einmaligen Betrag? In der privaten Absicherung ist eine Vielzahl an Modellen möglich. Alternativ können Sie auch in die gesetzliche Rentenkasse einzahlen – wovon Ihnen wohl jeder Versicherungsberater abraten wird. Was Sie am Ende tun, bleibt natürlich Ihnen überlassen. Doch tun Sie etwas!

3.5.7 Betriebshaftpflichtversicherung

Die Betriebshaftpflichtversicherung ist das gleiche wie eine private Haftpflichtversicherung, erstreckt sich aber nur auf Ihr Unternehmen und damit verbunden auch auf Ihre Mitarbeitenden. Hierdurch werden Schäden an Personen und Gegenständen bis zu einer bestimmten Höhe abgedeckt. Übernommen werden in der Regel höchstens grob fahrlässig verursachte Schäden. Vorsätzlich verursachte Schäden wird Ihnen wohl kaum eine Versicherung bezahlen. Für die Beitragshöhe spielt die Risikoklasse eine wichtige Rolle. Je höher das Risiko ist, einen Schaden zu verursachen und je mehr Mitarbeiter Sie haben, desto teurer wird diese Versicherung.

3.5.8 Inhaltsversicherung

Die Inhaltsversicherung ist das betriebliche Äquivalent zur Hausratversicherung. Sie schützen sich vor Schäden, die durch Wasser, Feuer, Blitz oder Einbruch entstehen können. Was genau versichert ist und wie viel Ihnen im Schadensfall erstattet wird, hängt natürlich von der Ausgestaltung der Versicherung ab und von dem Wert, den Sie versichert haben.

3.5.9 Rechtsschutzversicherung

Eine Rechtsschutzversicherung bietet Ihnen immer dann Hilfe wenn Sie klagen möchten oder verklagt werden. Entweder werden die Kosten für einen Anwalt und das Gericht übernommen oder Ihnen wird durch die Versicherung ein Anwalt gestellt. Gerade bei dieser Versicherung gibt es eine Sperrklausel, die besagt, dass die Versicherung in den ersten Monaten nach Abschluss nicht in Anspruch genommen werden darf. Wie lange diese Sperrfrist genau dauert, hängt natürlich auch hier vom jeweiligen Vertrag ab. Der Vorteil an dieser Versicherung liegt vor allem darin, dass Sie gerade in rechtlichen Fragen schnell und unkompliziert einen Ansprechpartner haben, der Ihnen erst einmal weiterhilft.

Tipp

Gerade bei Versicherungen neigen wir schnell dazu, unsere Augen vor dem viel zu umfassenden und viel zu unübersichtlichen Vertragswerk zu verschließen. Doch das wäre ein Fehler, den wir vielleicht erst Jahre später bezahlen würden. Versuchen Sie nicht, Ihre Augen zu verschließen, sondern konfrontieren Sie sich aktiv mit diesem Thema. Holen Sie sich Hilfe von Familie, Freunden und Bekannten oder noch besser professionelle Hilfe bei unabhängigen Institutionen wie z. B. dem Bund der Versicherten und versuchen Sie so herauszufinden, welche Versicherungen Sie brauchen und wo Sie das beste Preis-Leistungsverhältnis erhalten.

3.6 Der Umgang mit Belegen

Belege sind alle Arten von Rechnungen, die Sie ausgeben und die Sie erhalten. Das können Kassenbons, Quittungen, Rechnungen oder Bewirtungsbelege sein. Sie haben dabei das gleiche Problem wie jeder andere Unternehmer auch: Sie möchten, dass alle Ihre bezahlten Rechnungen als Ausgabe vom Finanzamt akzeptiert werden. Hierfür muss eine Rechnung aber bestimmte Anforderungen erfüllen. Diese Anforderungen sollten Sie natürlich auch auf den Rechnungen erfüllen, die Sie an andere stellen, damit diese Ihre Belege wiederum als ihre Ausgabe gegenüber dem Finanzamt geltend machen können. Im Bereich der Belege gibt es immer wieder gesetzliche Änderungen. Informieren Sie sich bei Ihrem Steuerberater über die aktuellen Anforderungen an Belege.

3.6.1 Rechnungen

Auf Rechnungen müssen folgende Daten stehen:

- Name und Rechtsform des Rechnungsstellers
- Anschrift des Rechnungsstellers
- Name und Rechtsform des Rechungsempfängers
- Anschrift des Rechnungsempfängers
- Steuernummer oder UID des Rechnungsstellers
- Registergericht und Registernummer, wenn eingetragen
- Rechnungsnummer (fortlaufend)
- Rechnungsdatum
- Lieferungs- und Leistungsdatum (kann auch ein Zeitraum sein)
- Hinweis auf § 19 UStG, wenn genutzt
- Umsatzsteuer-Ausweis (Höhe der Umsatzsteuer)

- Umsatzsteuersatz (7 oder 19 Prozent)
- Rechnungsbetrag
- Art der Leistung

Diese Dinge können, müssen aber nicht auf Ihrer Rechnung sein:

- Ihr Logo
- Zahlungszeitraum
- Skonto
- ein Hinweis auf die AGB
- Ihre Bankverbindung

Bei der optischen Ausgestaltung der Rechnung ist Ihnen jede Freiheit gegeben.

3.6.2 Kleinbetragsrechnungen

Eine Sonderregelung gibt es für sogenannte **Kleinbetragsrechnungen,** also Rechnungen, die einen Gesamtbetrag von 150 Euro nicht überschreiten. Auf Kleinbetragsrechnungen müssen nur folgende Informationen enthalten sein:

- Name und Anschrift des leistenden Unternehmers
- Menge und handelsübliche Bezeichnung des Gegenstandes oder
- Art und Umfang der sonstigen Leistung
- Entgelt und der Steuerbetrag in einer Summe
- Steuersatz für die Umsatzsteuer oder
- Hinweis auf Steuerbefreiung
- Ausstellungsdatum der Rechnung

Die Sonderregelung für Kleinbetragsrechnungen gilt nicht, wenn eine Rechnung von mehr als 150 Euro auf mehrere Teilrechnungen aufgeteilt wird, und sie ist auch in ein paar weiteren Fällen nicht anwendbar.

Tipp

Auf der Internetseite der IHK für die Region Stuttgart finden Sie ausführliche Informationen zu den Pflichtangaben auf Rechnungen.

3.6.3 Bewirtungsbelege

Wenn Sie zu einem Geschäftsessen einladen, können Sie die Kosten als Ausgabe in der Steuerklärung gegenüber dem Finanzamt geltend machen. Hierfür brauchen Sie einen Bewirtungsbeleg. Diesen erhalten Sie auf Wunsch direkt vom Restaurant und tragen dort drei Dinge ein:

- die Namen der bewirteten Personen
- den Gesprächsinhalt
- Ihre Unterschrift

3.7 Design und Auftreten

Ihr Design ist eine der langfristigsten Investitionen, die Sie treffen. Natürlich können Sie nach zwei Jahren Ihr gesamtes Design über den Haufen werfen und noch mal von vorne anfangen. Aber es kann gut sein, dass Sie dieses Vorgehen einen nicht unwesentlichen Teil ihrer Kunden kostet. Oder ihr Design war vorher so wenig ansprechend, dass Sie einen nicht unwesentlichen Teil Ihrer potenziellen Kunden dadurch gar nicht erst gewonnen haben. So oder so kommt Ihrem Design eine übergeordnete Bedeutung zu. Es ist Ihr Auftreten gegenüber dem Kunden. Das Bild im Personalausweis Ihres Unternehmens. Ihre Stimme, die durch den Wald hallt. Überlegen Sie sich also im Voraus, wie Sie Ihrem Kunden gegenüber wirken möchten.

3.7.1 Corporate Design (CD)

Das Corporate Design (Unternehmensdesign) ist der erste Schritt, den Sie machen können, um ein Erscheinungsbild aufzubauen. Hierbei gibt es ein paar wesentliche Punkte, die erfüllt sein sollten. In der Regel lassen Sie sich von einem Designer ein Corporate Design erstellen, das aus den folgenden Teilen besteht:

- **Logo:** Es spielt keine Rolle, ob es sich um eine Wortmarke oder eine Wort/Bildmarke handelt. Das Logo ist das Gesicht Ihres Unternehmens und durch nichts anderes zu ersetzen. Schließen Sie kurz die Augen. Denken Sie an die erste Marke, die Ihnen in den Sinn kommt. Was sehen Sie vor Ihrem geistigen Auge? Höchstwahrscheinlich den Schriftzug und das Logo. Genau das wollen Sie auch bei Ihren Kunden erreichen!

- **Hausschrift** (Corporate Typography): Sie haben eine festgelegte Schriftart, die Sie nutzen. Durch dieses immer gleiche Auftreten gewährleisten Sie Ihren Wiedererkennungswert.
- **Bildsprache** (Corporate Picture): Die Bildsprachen können Sie, müssen Sie aber nicht unbedingt festlegen. Hierbei geht es um eine Auswahl aussagekräftiger Bilder, Symbole und Motive. Solche Bilder, die einen besonderen Stellenwert haben, werden als **Key Visuals** (Schlüsselbilder) bezeichnet.
- **Farbkonzept** (Corporate Color): Sie haben eine Farbgestaltung. Einen Farbkanon, den Sie immer wieder in den unterschiedlichen Bereichen verwenden. Besonders hierdurch gewährleisten Sie einen entsprechenden Wiedererkennungswert.
- **Corporate Design Manual:** Im Manual werden die Gestaltungsrichtlinien definiert. So können Sie auch leicht mit anderen Designern zusammenarbeiten und diese können sich ohne Probleme am Manual orientieren. Achten Sie darauf, dass Sie beim Entwurf eines Corporate Designs immer auch ein Manual mitgeliefert bekommen.

3.7.2 Corporate Identity (CI)

Die Corporate Identity ist die Identität Ihres Unternehmens. Hier gehen Sie über die reine Gestaltung hinaus und versuchen, auch Dinge wie die Art der Kommunikation oder die Art des Verhaltens zu bestimmen. Auch die Philosophie des Unternehmens, die Sprache und die Unternehmenskultur spielen hierbei eine wesentliche Rolle. Zusammen ergibt sich ein Gesamtbild, das Ihre Identität (Identity) ausmacht. Wichtige Punkte der Corporate Identity sind:

- **Corporate Design:** die visuelle Darstellung Ihres Unternehmens
- **Corporate Behaviour:** Im Coporate Behaviour werden die Verhaltensregeln im Unternehmen definiert: Wie verhalten Sie sich in Ihrem Unternehmen? Gibt es bestimmte Regeln für die Begrüßung? Unterscheiden sich die Regeln zwischen Mitarbeitenden und Kunden?
- **Corporate Language:** Sie haben eine bestimmte Art, in der bei Ihnen gesprochen wird? Sie verwenden Sprache auf eine ganz eigene Art? Vielleicht wird bei Ihnen auf jeden Fall Denglisch gesprochen? Dann nutzen Sie eine Corporate Language.
- **Corporate Communication:** Die Corporate Communication legt Kommunikationsrichtlinien fest. Diese können intern sein, sie können aber auch für Externe wie Kunden und Partner geregelt sein.
- **Corporate Philosophy:** Hiermit wird die im Unternehmen vorherrschende Philosophie bezeichnet. Einmal aufgeschrieben und verbreitet, kann eine Unternehmensphilosophie eine enorme Macht auf das Arbeitsverhalten der Mitarbeitenden haben. Und das zählt am Ende des Tages, nämlich dass diese Philosophie im Unternehmen gelebt wird und nicht nur als Tafel an einer Wand hängt.
- **Corporate Culture:** Die Corporate Culture beschreibt die Unternehmenskultur. Auch wenn sich das viele Chefs wünschen, ist die Unternehmenskultur nicht etwas, das festgelegt werden kann. Sie entsteht vor allem durch die Vorbildwirkung (im Guten wie im Schlechten)

der Unternehmensleitung und wird von allen Mitarbeitenden des Unternehmens gelebt. Natürlich kann Sie durch die Verbreitung von Kulturrichtlinien beeinflusst werden, doch am Ende ist sie das, was die Mitglieder dieser Kultur daraus machen.

3.7.3 Geschäftsausstattung

Die Basisausstattung, mit der Sie Ihre Existenzgründung beginnen, wird als Geschäftsausstattung bezeichnet. Darunter fallen Ihr **Briefpapier** (als Print und digitale Version), Ihre **Visitenkarten** und, wenn notwendig, ein **Stempel.** Alles sollte natürlich im Rahmen Ihres Corporate Designs umgesetzt sein.

3.7.4 Internetauftritt

Ihrer Webseite kommt eine untergeordnete oder eine übergeordnete Rollen zu – je nachdem, wie Ihr Geschäftsmodell aussieht. Wir als Kunden erwarten heute eine Internetseite (Website), ganz gleich, wie klein ein Geschäft ist. Selbst wenn es nur ein Visitenkartenformat mit Kontaktdaten ist. Und auch hier spielt die Einhaltung des Corporate Design eine große Rolle. Denn der Kunde sollte Sie immer wiedererkennen. Auf der Website, auf der Visitenkarte, auf dem Briefbogen und im Ladengeschäft.

Wenn Sie eine Internetseite als Verkaufsmedium nutzen oder einen Onlineshop haben, kommt dem Design eine noch größere Bedeutung zu. Denn dann müssen nicht nur die Corporate-Design-Richtlinien eingehalten werden, sondern der ganze Auftritt muss so gestaltet sein, dass er eine möglichst hohe Kaufabschlussrate (Conversionrate) erzeugt.

3.7.5 Nutzungsrecht

Achten Sie bei allen Designer-Leistungen darauf, dass Sie die Nutzungsrechte erwerben. Diese sollten zeitlich und räumlich unbegrenzt sein. Zusätzlich sollten Sie die Möglichkeit haben, die Nutzungsrechte an Dritte zu veräußern. Mehr dazu finden Sie im Abschnitt Nutzungsrechte.

3.8 Erreichbarkeit – Was ist notwendig und sinnvoll?

Wenn Sie Umsatz machen wollen, müssen Sie sich auch über Ihre Erreichbarkeit Gedanken machen. Wollen Sie Ihren Kunden einen 24-Stunden-Service bieten, oder sind Sie nur jeden zweiten Donnerstag im Monat von 11:45 bis 12:15 Uhr erreichbar. Bevor Sie lachen: Beides hat sein Für und Wieder. Guter Kundenservice kostet Zeit und damit unweigerlich auch Geld. Sie alle kennen die Unternehmen, die uns mit 0180er-Nummern und langen Warteschleifen abschrecken. Auf der anderen Seite gibt es riesige Konzerne wie Google, die lange Zeit für Deutschland überhaupt keine Service-Hotline hatten. Und selbst heute wird sie immer noch sehr zurückhaltend kommuniziert.

Sie müssen sich also überlegen, welchen Service Sie Ihren Kunden bieten möchten und welchen Service Ihre Kunden erwarten. Überlegen Sie sich auch immer, was *Sie* davon für einen Mehrwert haben. Natürlich kann eine gute Erreichbarkeit kurzfristig für mehr Umsatz sorgen. Vielleicht gelingt es Ihnen dadurch aber auch, langfristig Ihre Konkurrenz abzuschütteln, was ebenfalls mittelfristig mehr Umsatz bringt.

3.8.1 E-Mail

Die E-Mail ist heutzutage das gängige Medium, um jederzeit erreichbar zu sein. Es hat den Vorteil, dass Kunden Ihnen wann immer sie es wünschen schreiben können. Sie selbst haben die Kommunikation archiviert und der Kunde übermittelt automatisch einen Teil seiner Kontaktdaten (die E-Mailadresse). Doch auch hier ist Service gefragt. Viele Unternehmen unterschätzen die Relevanz einer schnellen Antwort und der richtigen Ansprache in der E-Mail. Es beginnt schon mit der Entscheidung, ob im Du oder im Sie angeschrieben wird. Mit der falschen Ansprache können Sie Kunden vergraulen. So oder so sollten Ihre E-Mails immer mit einer Begrüßung beginnen (von „Sehr geehrte ...“ bis „Hi“) und mit einer Verabschiedung enden (von „Mit freundlichen Grüßen“ bis „Tschüs, Alter“). Sie selbst haben es in der Hand, auf welche Art Ihr Unternehmen kommuniziert. Aber seien Sie vor allem eins: konsistent! Beantworten Sie die E-Mails immer im gleichen Stil, auf die gleiche Art und Weise. Und unterschätzen Sie die Response Time (Antwortzeit) nicht. Wir leben in einer schnellen Zeit. Oder haben Sie es gernc, wenn eine Antwort länger als 24 Stunden auf sich warten lässt? Ich nicht. Ich bin fast schon verärgert, wenn ich zwei Tage auf eine Antwort von einem Unternehmen warten muss.

3.8.2 Telefon

Per Telefon ist die Kommunikation meistens einfacher und zielführender. Sie können den Kunden von sich begeistern. Sie können Ihre Stimme einsetzen, und es kommt nicht so leicht zu Missverständnissen. Doch der Kunde kann auch dazu neigen, sich mit Ihnen unterhalten zu wollen. Zeit, die Sie wiederum Geld kostet. Gerade dann, wenn es für den Kunden schnell gehen soll, hat das Telefon einen besonderen Vorteil. Wie oft stand ich schon kurz vor dem Kaufabschluss in einem Onlineshop, als doch noch eine Frage auftauchte. Ein schneller Griff zum Telefon hat mich die Kaufentscheidung dann guten Gewissens treffen lassen. Doch auch hier haben Sie wieder das Problem der Erreichbarkeit. Wollen Sie Ihren Kunden ein Zeitfenster anbieten? Von 8:00 Uhr bis 18:00 Uhr oder von 11: 00 Uhr bis 17:00 Uhr? Und haben Sie einen oder mehrere Mitarbeitende, die die ganze Zeit vor dem Telefon sitzen? Es ist also in jedem Fall eine strategische Entscheidung, die Sie hier treffen müssen.

Gerade zu Beginn Ihrer Selbstständigkeit kann es sich anbieten, eine flexible Lösung zu nutzen, die auch funktioniert, wenn Sie unterwegs sind. Sie können eine Festnetznummer bei einem Dienstleister reservieren und diese bei Bedarf auf Ihr Handy umleiten. Genauso können Sie über Anbieter wie Skype oder Sipgate eine sogenannte Voice over IP Nummer (VoIP-Nummer) bestellen und diese online annehmen bzw. ab dem xten Klingeln auf Ihr Handy umleiten. Seien Sie kreativ und richten Sie sich Ihre Erreichbarkeit so ein, dass Sie optimal arbeiten können.

Eine weitere Möglichkeit stellt die Nutzung eines Büroservices dar. Hierbei zahlen Sie eine Grundpauschale und es entstehen Kosten pro Telefonminute, die der Service für Sie tätig ist. Der Büroservice nimmt dann Anrufe für Sie entgegen und gibt sich als Ihr Sekretariat aus. Natürlich können die Telefonisten keine Kundengespräche für Sie führen. In der Regel wird es ein kurzes Gespräch mit der Mitteilung, dass Sie nicht erreichbar sind, die Nummer aber notiert wird und man gerne zurückruft. Solch ein Service kann Ihnen Stress sparen und eine gewisse Erreichbarkeit gewährleisten.

3.8.3 Fax

Obwohl meiner persönlichen Meinung nach vollkommen antiquiert, ist das Fax doch noch erstaunlich viel im Einsatz. Vor allem in kleineren und mittelständischen Unternehmen, die den Sprung ins Web 2.0 noch nicht vollständig geschafft haben. Das Fax bietet Ihnen für Verträge und Unterschriften eine gewisse Rechtssicherheit, die das Medium E-Mail (noch) nicht vollständig bieten kann. Auf der anderen Seite kann ich aus 15 Jahren Geschäftsführungserfahrung nicht sagen, dass ich jemals ein vertragliches Problem hatte, das mir ein Fax hätte ersparen können.

Überlegen Sie sich gut, ob Sie sich mit dem Thema Fax überhaupt noch auseinandersetzen wollen. Als moderne Version gibt es das Internetfax. Der Vorteil ist, dass Sie alle Dokumente dann automatisch als Datei vorliegen haben und archivieren können.

3.8.4 Internetseite

Ihre Internetseite (Website) stellt eine weitere Form der Erreichbarkeit dar. Der Kunde kann zu jeder Uhrzeit alle Informationen finden, die er benötigt. Je umfangreicher Ihre Internetseite ist und je hochwertiger Ihre Informationen sind, desto weniger Fragen wird der Kunde per E-Mail oder Telefon stellen müssen. Eine Website kann zwar niemals den persönlichen Kontakt ersetzen, doch kann Sie den Kunden umfassend informieren, wodurch die Gespräche mit den Kunden deutlich einfacher und zielführender gestaltet werden können.

3.8.5 Live Chat

Der Live Chat kommt in seiner neuen Form immer stärker in Mode und bietet dabei einige Vorteile. Zumeist ist er auf Internetseiten so eingestellt, dass nach drei bis zehn Sekunden ein kleines Fenster unten rechts in der Ecke aufgeht und die Frage stellt „Kann ich Ihnen irgendwie helfen?“. Erst wenn der Kunde darauf antwortet, wird die Chatnachricht an den Support weitergeleitet. Ich für meinen Teil nutze dieses Feature schon seit Längerem erfolgreich auf meiner Seite. Sobald ich selbst mit meinem Computer online bin, wird der Live Chat auf meiner Seite aktiviert. Kunden, die Hilfe brauchen, können also unkompliziert und schnell Hilfe von mir erhalten. Der große Vorteil für den Kunden liegt darin, dass es ein anonymes Verfahren ist. Er braucht keine Daten einzugeben und er braucht auch nicht zu telefonieren. Die Schwelle, um Kontakt aufzunehmen ist also deutlich geringer, was für uns als Unternehmer von großem Vorteil ist.

3.8.6 Facebook, Twitter & Co

Als Letztes bleiben die sozialen Medien als Kommunikationsmedium. Der Vorteil ist hier gleich dem Nachteil: Sie führen in der Regel eine gläserne Kommunikation. Alle können mitlesen und alle können darauf antworten. Wenn Sie Ihre Arbeit gut machen, dann werden Sie davon profitieren, da Sie mit Ihren Antworten auch anderen helfen werden. Gleichzeitig stellen Sie Ihre Kompetenz dar und zeigen, dass Sie sehr schnell auf Antworten reagieren. Wenn Sie hingegen mit Ihren Antworten eher Unmut erzeugen, würde ich Ihnen empfehlen, die Kommunikation nicht auf ein öffentliches soziales Medium auszulagern.

3.9 Angestellte – Was Sie wissen müssen, wenn Sie Personal einstellen

Wenn Sie erfolgreich sind, werden Sie ab einem bestimmten Punkt nicht mehr alle Aufgaben selbst erledigen können. Selbst wenn Sie ein Business Model haben, das auf Komponenten basiert, werden Sie, wenn Ihr Kundenkreis größer wird, höchstwahrscheinlich Unterstützung in der Koordination benötigen.

Wir können zwei Formen der Anstellung unterscheiden: Festangestellte und Minijobber.

3.9.1 Minijobber

Minijobber erhalten genauso einen Arbeitsvertrag wie Festangestellte. Doch verdienen Sie maximal 450 Euro im Monat. Der Vorteil dieser Anstellungsform ist, dass der Arbeitnehmer keine weiteren Abgaben auf die 450 Euro zahlen muss und der Arbeitgeber nur noch pauschal ungefähr 30 Prozent Steuern und Sozialabgaben zu leisten hat. Angemeldet werden Minijobber bei der Bundesknappschaft. Dort erfolgt auch die monatliche Meldung darüber, wie viel Gehalt der Minijobber im aktuellen Monat erhalten hat. Die vom Arbeitgeber zu zahlenden Abgaben gehen ebenfalls an die Bundesknappschaft.

3.9.2 Festangestellte

Ganz gleich, ob jemand mit einer viertel, einer halben oder einer vollen Stelle angestellt ist, wenn die Person nicht als Minijobber geführt wird, handelt es sich um eine Festanstellung. Für Festanstellungen müssen Sie monatliche Lohnmeldungen durchführen. Bei weniger als 20 Mitarbeitern lohnt es sich vom Aufwand her nicht, diese Meldungen selbst durchzuführen. Ihr Steuerberater wird dies für zehn bis 20 Euro pro Mitarbeiter und Monat für Sie erledigen. Online können Sie entsprechende Dienste ab fünf Euro pro Mitarbeiter und Monat in Anspruch nehmen.

Sie zahlen Ihrem Mitarbeiter ein sogenanntes **Bruttogehalt.** Hiervon muss Ihr Mitarbeiter Abgaben leisten. Ausgezahlt bekommt er nur sein **Nettogehalt.** Die Abgaben führen Sie als Arbeitgeber direkt ab. Auf das Bruttogehalt müssen Sie noch einmal den ebenfalls abzuführenden **Arbeitgeberanteil** drauflegen. Die Lohnsteuer führen Sie an das Finanzamt ab und die Krankenversicherungs- und Pflegeleistungen an die jeweilige Krankenkasse des oder der Angestellten.

Als Faustformel können Sie sich merken, dass Arbeitnehmer Netto nur ca. 70 Prozent des Bruttogehalts ausgezahlt bekommen. Sie selbst legen auf den Bruttolohn noch einmal ca. 30 Prozent Arbeitgeberkosten drauf. Diese Werte können im Einzelfall aber stark abweichen, da die Höhe des Einkommens sowie die Steuerklasse hierbei eine wesentliche Rolle spielen.

3.9.3 Berufsgenossenschaft

Die Berufsgenossenschaft ist die Unfall- und Berufsunfähigkeitsversicherung der Angestellten. Für die unterschiedlichen Branchen gibt es unterschiedliche Berufsgenossenschaften. Sobald Sie Ihr Gewerbe oder Ihre freiberufliche Tätigkeit angemeldet haben, sind Sie verpflichtet, sich binnen einer Woche bei der Berufsgenossenschaft zu melden. Welche Berufsgenossenschaft für Sie zuständig ist, können Sie bei der jeweiligen Berufsgenossenschaft direkt erfragen, oder Sie wenden sich an die Deutsche Gesetzliche Unfallversicherung (DGUV).

Jedes Jahr erhalten Sie am Jahresanfang ein Formular Ihrer Berufsgenossenschaft. In diesem Formular tragen Sie ein, wie viele Mitarbeiter bei Ihnen im letzten Jahr gearbeitet haben. Sie tragen die geleisteten Stunden und die gezahlten Arbeitsentgelte ein. Die Daten übermitteln Sie dann an die Berufsgenossenschaft, die daraus Ihren Beitrag ermittelt. Für das Folgejahr haben Sie dann quartalsweise Vorauszahlungen auf Ihren Beitrag zu leisten.

Sie können sich als Unternehmer ebenfalls über die gesetzliche Unfallversicherung versichern. Empfehlenswerter ist in der Regel jedoch eine private Unfallversicherung.

3.10 Marketing – Wie Sie die Kunden für Ihr Produkt interessieren

Marketing ist ein eigener Bereich für sich. Studenten, die gerade ihr Studium abgeschlossen haben, werden feststellen, dass die im Studium vermittelten Inhalte zum Thema Marketing meistens nur wenig Einsatz bei einer Existenzgründung finden werden. Für das Marketing im Rahmen Ihrer Existenzgründung benötigen Sie vornehmlich anwendungsorientierte Kenntnisse, während in einem Studium eher allgemeines Wissen aus der Sicht großer Konzerne vermittelt wird.

Marketing lässt sich in viele Unterbereiche einteilen, wobei die Haupteinteilung in Online- und Offline-Marketing sinnvoll ist. Es spielt keine Rolle, wo und wie Sie werben, jeder Marketingkampagne sollte ein Controlling angeschlossen werden, sodass Sie den Erfolgsgrad bestimmen können. Wesentliche Fragen, die Sie sich hier stellen sollten, sind: Wie viel kostet mich dieser Marketingkanal? Wie viele Verkäufe generiere ich dadurch? Was ist ein Durchschnittsumsatz pro Verkauf? Wie viel Gewinn mache ich durch diesen Marketingkanal? Wenn Sie sich mit diesen Fragen ernsthaft auseinandersetzen, werden Sie schon allein deswegen besser sein als ein Großteil der Gründer. Und bitte, vergessen Sie solche Sätze wie „Ich brauche kein Marketing, meine Idee ist so gut, dass sie sich von alleine verbreiten wird!“. Quatsch! Sie müssen Geld einsetzen, um Geld rauszubekommen. Konkreter: Sie setzen Geld für Marketing ein, um Kunden für Ihre Produkte zu finden, und Sie erhalten Geld für den Verkauf Ihrer Produkte.

Oft werden Sie gerade am Anfang feststellen, dass sich viele Marketingkanäle gar nicht oder nur wenig lohnen. Das kann zwei Gründe haben: Zum einen kann es sein, das sich dieser Marketingkanal einfach nicht für Ihr Produkt oder Ihre Zielgruppe eignet – oder Ihre Konkurrenz ist zu stark aufgestellt. Zum anderen ist Ihre Marketingmaßnahme am Anfang wahrscheinlich wenig bis gar nicht optimiert. Sie müssen also mit Ihrem Marketing immer wieder den Prozess von Kontrolle und Anpassung durchlaufen. Sie kontrollieren alle Kanäle, und die Bereiche, die gut klappen und Ihnen wenig Kosten pro Verkauf verursachen, werden verstärkt.

Im Folgenden finden Sie einen Überblick über die unterschiedlichen Werbemöglichkeiten.

3.10.1 Kaltakquise

Die Kaltakquise ist genau das, wonach sie klingt: kalt. Sie haben keine Verbindung zu den Menschen, die Sie ansprechen. Sie gehen direkt und ohne Vorbereitung für den anderen in das Gespräch. Kaltakquise ist eine Kunst für sich und funktioniert ähnlich wie Initiativbewerbungen. Sie brauchen ein extrem stark ausgeprägtes Kommunikationsvermögen und müssen wissen, welche Strippen Sie bei der anderen Person ziehen müssen. Hier geht es um Ihr Aussehen, Ihr Auftreten und die Ansprache des Kunden. Doch Sie können Kaltakquise nicht nur für Kunden nutzen. Auf diesem Weg können Sie auch jede Menge Netzwerkpartner generieren.

Tipp

Kaltakquise ist ein schwieriges Thema, in das Sie sich z. B. mithilfe einiger spannender Bücher einarbeiten können. Hier finden Sie eine Buchempfehlung. Kaltakquise wird als die erste Ansprache eines potenziellen Kunden, zu dem Sie bisher keine Geschäftsbeziehung hatten, verstanden.

3.10.2 Flyer

Eine weitere Werbemöglichkeit, die Sie sehr vielfältig einsetzen können, sind Flyer. Sie können Flyer auf der Straße verteilen lassen. Wobei Sie sich dafür unbedingt eine Genehmigung beim zuständigen Bezirksamt /Ordnungsamt einholen müssen. Sie können Flyer in Läden auslegen, sie in Briefe legen oder bei Werbegeschenken anfügen. Sie können Flyer aber auch durch Agenturen in Briefkästen werfen lassen. Egal, wie Sie ihn verbreiten, immer kommt es wesentlich auf die Inhalte und die Gestaltung des Flyers an. Suchen Sie sich deshalb in jedem Fall einen echten Profi für die Flyer-Gestaltung. Wenn Sie 1.000 Flyer drucken lassen und für die Verteilung von 1.000 Flyern bezahlen, wäre es doch sehr dumm, an der Gestaltung der Flyer zu sparen.

Ihr Flyer sollte den Kunden in der richtigen Tonart (Tonality) ansprechen. Genauso sollten Sie eine Handlungsaufforderung, einen sogenannten **Call to Action** in den Flyer eingebaut haben, sodass der zukünftige Kunde einen Anreiz hat, Kontakt mit Ihnen aufzunehmen. Gehen Sie nicht davon aus, dass Sie auf mehr als ein Prozent der Flyer Reaktionen erhalten. Wenn doch, haben Sie Ihre Arbeit optimal gemacht.

3.10.3 Werbebrief

Ein Werbebrief landet meist in der Mülltonne. Oder wann haben Sie sich das letzte Mal Zeit genommen, um in Ruhe Ihre Werbung zu lesen? Ein Erfolg versprechendes Erscheinungsbild fängt schon beim Umschlag an. Ist der Brief vielleicht wie ein Amtsbrief gestaltet, oder haben Sie schon außen ein Werbeangebot aufgedruckt? Hinzu kommt die Gestaltung des Textes, der als Einziges dafür sorgen kann, dass Ihr potenzieller Kunden tätig wird, sich also mit Ihnen in Verbindung setzt oder bei Ihnen bestellt.

3.10.4 Guerilla Marketing

Guerilla Marketing bezeichnet die Werbung mit dem Unerwarteten. Sie werben mit ausgefallenen und abwegigen Dingen. Guerilla Marketing bringt die Menschen zum Staunen, zum Träumen und oft auch zum Lachen. Guerilla Marketing kann mit einem kleinen Budget entwickelt werden oder Millionen kosten. Mehr als bei allen anderen Marketingmöglichkeiten kommt es hier auf die Idee an. Eine gute Idee kann Ihnen einen Kundenzulauf bringen, den Sie sich vorher nicht hätten vorstellen können. Aber eine gute Idee ist äußerst schwer zu finden und mitunter auch ein bisschen Glückssache. Als Beispiele habe ich für Sie ein paar Videos über Guerilla Marketing zusammengestellt.

3.10.5 Suchmaschinenoptimierung (SEO)

Um in Google, Bing oder einer anderen Suchmaschine weit oben gelistet zu werden, müssen Sie Suchmaschinenoptimierung, kurz SEO (Search Engine Optimization), betreiben. Es gibt mehrere hundert Kriterien, die Ihr sogenanntes Ranking zu einem bestimmten Suchwort beeinflussen. Grundsätzlich lässt sich SEO unterscheiden, in Maßnahmen, die auf Ihrer Seite passieren **(OnPage-Optimierung)** und Maßnahmen, die auf anderen Seiten ergriffen werden, um Nutzer auf Ihre Seite zu leiten **(Linkbuilding)**. Der SEO Markt ist in Deutschland in den letzten Jahren sehr stark und schnell gewachsen. Ein Problem ist, dass es viele schwarze Schafe gibt und Sie sich sehr in Acht nehmen müssen. Lassen Sie sich Angebote gut erklären und überlegen Sie sich grundsätzlich, ob sich diese Marketingmaßnahme auch wirklich für Sie lohnt. Das folgende Beispiel kann Sie vielleicht dabei unterstützen:

Beispiel

Sie haben einen Suchbegriff, für den Sie versuchen, auf den 1. bis 3. Platz zu kommen. Das kostet Sie an stetiger Suchmaschinenoptimierung ca. 200 Euro pro Monat. Der Suchbegriff hat 20.000 Impressions im Monat, das heißt, dass er ungefähr 20.000-mal im Monat gesucht wird. Sie können mit einer Click-Through-Rate (CTR) von einem Prozent rechnen. Das wiederum heißt, dass ein Prozent der 20.000 Suchanfragen auf Ihre Seite klicken. In diesem Fall hätten Sie 200 Besucher. Sie haben eine Conversionrate (Kaufabschlussrate) von vielleicht einem Prozent auf Ihrer Seite. Das bedeutet, Sie generieren aus den 200 Besuchern insgesamt zwei Kunden. Vielleicht haben Sie einen durchschnittlichen Umsatz von 60 Euro pro Kunde, also einen Gesamtumsatz für die zwei Kunden von 120 Euro. Leider geben Sie für die Suchmaschinenoptimierung 200 Euro im Monat aus. Sie verlieren also jeden Monat 80 Euro zuzüglich der Kosten, die Sie für die verkauften Produkte aufwenden.

Die Rechnung kann natürlich auch anders aussehen und Sie verdienen sehr viel Geld durch Suchmaschinenoptimierung. Das hängt immer vom Einzelfall ab. Wichtig ist, dass Sie kalkulieren, ob und unter welchen Bedingungen sich diese Form der Werbung für Sie lohnt.

3.10.6 Suchmaschinenmarketing (SEM)

Suchmaschinenmarketing, kurz SEM (Search Engine Marketing), beschreibt die Platzierung von Werbung innerhalb von Suchmaschinen. Bei Google handelt es sich um die Werbung oberhalb und rechts der Suchergebnisse. Hier zahlen Sie in der Regel pro Klick, der auf Ihre Anzeige geht. Suchmaschinenmarketing kann eine sehr zeitaufwendige Arbeit sein. Auch hier lohnt es sich, mit einer Agentur zusammenzuarbeiten. Falsche Einstellungen und falsche Suchbegriffe können Sie sehr schnell viel Geld kosten.

3.10.7 Social Media Marketing (SMM)

Die Verbreitung in den sozialen Medien wie Facebook und Twitter wird als Social Media Marketing (SMM) oder Social Media Optimization (SMO) bezeichnet. Hierbei reicht es nicht aus, sich eine Facebook-Seite anzulegen und alle paar Wochen ' mal einen Post zu erzeugen. Es geht vielmehr darum, immer mehr Fans für die eigene Seite zu finden und mit diesen ins Gespräch zu kommen. Genauso gehört es zum SMM, dass andere Ihre Inhalte verbreiten. Hier können Sie sich die Unterstützung sogenannter Seedingagenturen zunutze machen. Diese erstellen für Sie ein Konzept und sorgen für die Verbreitung Ihrer Inhalte in den sozialen Medien.

3.10.8 Video Marketing

In Videos und mit Videos zu werben wird unter dem Begriff Video Marketing zusammengefasst. Sie haben auf den großen Videoplattformen wie YouTube zum Beispiel die Möglichkeit, am Anfang von Videos Werbung zu schalten oder rund um das Video Banner zu Ihrem Produkt oder Ihrer Website erscheinen zu lassen. Natürlich steht es Ihnen auch frei, selbst Videos zu erstellen und so indirekt durch diese zu werben. Hier ist eine Überschneidung zum Social Media Marketing sehr wichtig, da Werbung in Videos nur funktioniert, wenn die Videos eine gewisse Verbreitung erzielen. Es wird Ihnen wenig bringen, wenn Ihr eigenes Video nur zehn Mal gesehen wurde.

3.10.9 E-Mail Marketing

Hiermit ist Marketing in Form von E-Mails bzw. Newslettern gemeint. Sie können Neukunden durch direkte **E-Mails** akquirieren, sollten sich aber unbedingt vor dem Mailen über die aktuelle Rechtslage zum Thema Spam informieren. Selbst wenn Sie Kundendaten einkaufen und diese dann anmailen, kann das negative rechtliche Folgen für Sie haben. Etwas risikoärmer ist der eigene **Newsletter** auf Ihrer Seite. Wenn Sie ein sogenanntes **Double-Opt-In-Verfahren** bei der Registrierung für den Newsletter nutzen, dürfen Sie Ihre Kunden jederzeit anschreiben. Beim Double-Opt-In-Verfahren muss der Kunde oder die Kundin die Eintragung in den Newsletter noch einmal extra bestätigen.

Bei Newslettern zählt wiederum deren Gestaltung besonders. Es muss in jedem Fall ein **Call to Action** vorhanden sein, der Ihre potenziellen Kunden auf den Newsletter reagieren lässt. Auch sollten Sie Ihr **Tracking** nicht vernachlässigen und auswerten, wie viele Ihrer Empfänger überhaupt auf den Newsletter reagieren und wie viel Umsatz Sie damit erzeugen. Für Newsletter- und E-Mail-Marketing stehen viele Dienstleister und teilweise sehr gute Software zur Auswahl.

3.10.10 Affiliate

Affiliate bedeutet, durch Banner oder Textanzeigen auf anderen Plattformen, Blogs und Webseiten zu werben. Es gibt eine Vielzahl an großen Communities, über die Sie bei Hunderten von Blogs gleichzeitig Werbung schalten können. Aber auch hier steht die Auswertung an erster Stelle. Zumeist zahlen Sie pro Click. Wie bei allen anderen Marketingkanälen müssen Sie sich auch hierbei die Frage stellen, ob sich das für Sie lohnt.

3.10.11 Netzwerkmarketing

Netzwerkmarketing bedeutet, Ihr Netzwerk zu nutzen, um Ihr Produkt zu verkaufen. Es gibt eine Vielzahl an Dienstleistungen, bei denen sich Online Marketing nur schwer einsetzen lässt oder sich nicht lohnt. Dies betrifft insbesondere Dienstleistungen, die durch Mund-zu-Mund-Propaganda verbreitet werden können. Hierbei kommt es natürlich auf Ihr Netzwerk an. Wie schaffen Sie es, möglichst schnell ein möglichst großes Netzwerk aufzubauen? Wie schaffen Sie es, dass Ihre Partner Ihre Inhalte und Ihre Dienstleistung verbreiten.

3.11 Werkvertrag und Dienstvertrag – der kleine, aber entscheidende Unterschied

Wenn Sie eine Dienstleistung anbieten, können Sie prinzipiell zwischen zwei Vertragsarten wählen: Dem Werkvertrag und dem Dienstvertrag. Beide können für eine Dienstleistung gültig sein, unterscheiden sich rechtlich allerdings grundlegend voneinander, wie Sie im Folgenden sehen werden.

3.11.1 Werkvertrag

Der Werkvertrag regelt die Pflicht des Auftragnehmers, ein bestimmtes Werk herzustellen. Es wird nicht, wie im Dienstvertrag, lediglich eine Tätigkeit, sondern ein Erfolg geschuldet. Der Auftragnehmer (Dienstleister) verpflichtet sich also, ein bestimmtes Ergebnis zu erzielen.

Geregelt ist der Werkvertrag in § 631 BGB. Hier heißt es:

> *„Vertragstypische Pflichten beim Werkvertrag*
>
> *(1) Durch den Werkvertrag wird der Unternehmer zur Herstellung des versprochenen Werkes, der Besteller zur Entrichtung der vereinbarten Vergütung verpflichtet.*
>
> *(2) Gegenstand des Werkvertrags kann sowohl die Herstellung oder Veränderung einer Sache als auch ein anderer durch Arbeit oder Dienstleistung herbeizuführender Erfolg sein."*

3.11.2 Dienstvertrag

Im Dienstvertrag wird, im Gegensatz zum Werkvertrag, die bloße Arbeitsleistung geschuldet. Das heißt, dass das Ergebnis irrelevant ist, weil es um die bloße Arbeitsleistung geht.

Geregelt ist der Dienstvertrag in § 611 BGB. Hier heißt es:

„Vertragstypische Pflichten beim Dienstvertrag

(1) Durch den Dienstvertrag wird derjenige, welcher Dienste zusagt, zur Leistung der versprochenen Dienste, der andere Teil zur Gewährung der vereinbarten Vergütung verpflichtet.

(2) Gegenstand des Dienstvertrags können Dienste jeder Art sein."

Dieser feine Unterschied ist besonders bei aufwendigen Dienstleistungen zu spüren. Haben Sie einen Werkvertrag über die Gestaltung einer Hausfassade geschlossen, so werden Sie den Vertrag erst mit Abschluss der Arbeiten erfüllt haben. Haben Sie hingegen einen Dienstvertrag über 50 Stunden geschlossen, spielt es keine Rolle, ob Sie die Arbeiten abgeschlossen haben, so lange Sie die 50 Stunden geleistet haben.

Ob ein Dienstvertrag oder ein Werkvertrag besser ist hängt immer davon ab, ob Sie Auftraggeber (Sie zahlen die Rechnung) oder Auftragnehmer (Sie führen die Arbeit aus) sind. Wenn Sie **Auftraggeber** sind, ist ein Werkvertrag die bessere Wahl. Sie wissen genau wie hoch die Kosten sind und bekommen ein fertiges Werk am Ende, egal wie viel Aufwand es den anderen kostet hat, es fertig zu stellen. Wenn Sie **Auftragnehmer** sind, ist es besser einen Dienstvertrag zu haben. Sie arbeiten nach Stunden und wenn etwas länger dauert oder mehr kostet, wird das vom Kunden bezahlt und Sie bleiben nicht darauf sitzen.

3.12 Die Steuern – Was Sie alles beachten müssen

Das Steuersystem ist in Deutschland eines der komplexesten rechtlichen Systeme. Umso schwerer ist es, diese Zusammenhänge zu verstehen. Ein Steuerberater kann hier eine sehr sinnvolle Alternative gegenüber dem Selbststudium von unter Umständen enormem Ausmaß sein. All jenen, die wenigsten einen kleinen Überblick über das deutsche Steuerrecht haben wollen, wünsche ich viel Spaß bei den folgenden Seiten:

3.12.1 Umsatzsteuer

Umsatzsteuer wird umgangssprachlich Mehrwertsteuer genannt. Es handelt sich dabei um ein und dieselbe Steuer. Die Umsatzsteuer fällt auf alle Umsätze an. Es gibt zwei Steuerklassen. Die bekanntere von beiden, 19 Prozent Umsatzsteuer, ist geregelt in § 12 Abs. 1 UStG. Darüber hinaus gibt es die ermäßigte Umsatzsteuer mit sieben Prozent, geregelt in § 12 Abs. 2 UStG. In der Anlage 2 zum Umsatzsteuergesetz ist geregelt, auf welche Leistungen nur sieben Prozent Umsatzsteuer entfallen. Auf alle anderen Leistungen fallen automatisch 19 Prozent Umsatzsteuer an. Zusätzlich gibt es noch eine Reihe an Dienstleistungen, für die keine Umsatzsteuer anfällt, geregelt in §§ 4, 4b und 5 UStG.

Spricht man von Preisen im Zusammenhang mit Umsatzsteuer, so können wir zwischen Brutto und Netto unterscheiden. Der **Bruttopreis** beinhaltet die Umsatzsteuer. Auf den **Nettopreis** muss gegebenenfalls noch Umsatzsteuer draufgeschlagen werden, um den Bruttopreis zu erreichen. Einfach dargestellt:

Netto + Umsatzsteuer = Brutto

Rechenhilfe

für 19 % Umsatzsteuer: Nettopreis × 1,19 = Bruttopreis
für 19 % Umsatzsteuer: Bruttopreis / 1,19 = Nettopreis
für 7 % Umsatzsteuer:Nettopreis × !,07 = Bruttopreis
für 7 % Umsatzsteuer:Bruttopreis / 1,07 = Nettopreis

3.12.2 Vorsteuer

Ebenfalls wichtig in diesem Zusammenhang ist die sogenannte Vorsteuer bzw. die Verrechnung der Vorsteuer. Der Staat möchte uns grundsätzlich vor einer Doppelbesteuerung schützen. Wenn wir ein Produkt einkaufen, zahlen wir dem Händler, bei dem wir es kaufen, Umsatzsteuer, in diesem Fall Vorsteuer genannt. Dieser wiederum muss die Umsatzsteuer abführen. Verkaufen wir das Produkt weiter, so erhalten wir vom Kunden Umsatzsteuer, die wir wiederum abführen müssen. In diesem Fall hätten wir allerdings zweimal Steuern abgeführt. Zum einen die Vorsteuer auf das gekaufte Produkt und zum anderen die Umsatzsteuer auf das verkaufte Produkt. Deswegen können wir die bereits gezahlte Vorsteuer mit der noch abzuführenden Umsatzsteuer verrechnen. Zum besseren Verständnis rechnen wir ein Beispiel durch:

Beispiel

Wir kaufen einen DVD-Player für Netto 10 Euro ein, den wir für Netto 100 Euro wieder verkaufen.

Einkauf:
10 Euro Netto
+ 1,90 Euro Umsatzsteuer (Vorsteuer)
= 11,90 Euro Brutto

Verkauf:
100 Euro Netto
+ 19,00 Euro Umsatzsteuer
= 119,00 Euro Brutto

In diesem Fall haben wir 1,90 Euro Vorsteuer gezahlt und müssen 19,00 Euro Umsatzsteuer an das Finanzamt abführen. Wir dürfen aber beide Werte miteinander verrechnen:

19,00 € Umsatzsteuer, an das Finanzamt zu zahlen
- 1,90 € abzuziehende Vorsteuer
= 17,10 € Umsatzsteuer, an das Finanzamt noch zu zahlen

Würden wir hingegen einen DVD-Player teuer für 100 Euro Netto einkaufen und könnten ihn nur für 10 Euro Netto verkaufen, würden wir sogar Geld vom Finanzamt zurück erhalten:

Einkauf:
100 Euro Netto
+ 19,00 Euro Umsatzsteuer (Vorsteuer)
= 119,00 Euro Brutto

Verkauf:
10 Euro Netto
+ 1,90 Euro Umsatzsteuer
= 11,90 Euro Brutto

In diesem Fall haben wir 19,00 Euro Vorsteuer gezahlt und müssen aber nur 1,90 Euro Umsatzsteuer an das Finanzamt abführen. Wir dürfen aber beide Werte miteinander verrechnen:

1,90 € Umsatzsteuer, an das Finanzamt zu zahlen
-19,00 € abzuziehende Vorsteuer
= 17,10 € Umsatzsteuer, die wir von dem Finanzamt erstattet bekommen

Die sogenannte **Umsatzsteuervoranmeldung** erfolgt monatlich. Entweder Sie wird durch Ihren Steuerberater ausgeführt oder Sie nutzen das Onlineverfahren (Elster) Ihres Finanzamts. Nach ein paar Monaten haben Sie die Möglichkeit, eine **Dauerfristverlängerung** bei Ihrem Finanzamt zu beantragen. Wird diesem Antrag stattgegeben, übermitteln Sie Ihre Umsatzsteuervoranmeldung nur noch jedes Quartal (alle drei Monate). Zusätzlich zu diesen zwölf (monatlich) oder vier (quartalsweise) Umsatzsteuervoranmeldungen müssen sie noch eine weitere Umsatzsteuermeldung nach dem Geschäftsjahr abgeben.

Tipp

Hier finden Sie ein Erklärungsvideo für das Elster Formular.

3.12.3 Kleinunternehmerregelung (§ 19 UStG)

Die Kleinunternehmerregelung dient als Erleichterung für Betriebe mit einem geringen Umsatz. Sie bieten Ihre Ware oder Dienstleistung dann ohne den Aufschlag von Umsatzsteuer (=Mehrwertsteuer) an. Wenn Sie Ihr Unternehmen beim Finanzamt anmelden, haben Sie die Möglichkeit, die **Kleinunternehmerregelung** gem. § 19 UStG in Anspruch zu nehmen:

(1) Die für Umsätze im Sinne des § 1 Abs. 1 Nr. 1 geschuldete Umsatzsteuer wird von Unternehmern, die im Inland oder in den in § 1 Abs. 3 bezeichneten Gebieten ansässig sind, nicht erhoben, wenn der in Satz 2 bezeichnete Umsatz zuzüglich der darauf entfallenden Steuer im vorangegangenen Kalenderjahr 17 500 Euro nicht überstiegen hat und im lau-

fenden Kalenderjahr 50 000 Euro voraussichtlich nicht übersteigen wird …

Das bedeutet, so lange Sie 17.500 € Umsatz nicht übersteigen, müssen und dürfen Sie keine Umsatzsteuer ausweisen, wenn Sie § 19 UStG bei der Meldung beim Finanzamt in Anspruch genommen haben. Kompliziert wird es erst, wenn Sie die 17.500 € überschreiten. Das folgende Vorgehen hilft Ihnen zu bestimmen, was dann passiert:

1) Werden Sie im laufenden Kalenderjahr die 17.500 € Umsatz überschreiten?

Nein: Alles bleibt wie gehabt.
Ja: Fahren Sie mit Frage 2) fort.

2) Werden Sie dieses Jahr die die 50.000 € Umsatz überschreiten?

Nein: Fahren Sie bitte mit Frage 3) fort.
Ja: In diesem Fall müssen Sie auf alle Umsätze in diesem Jahr die Umsatzsteuer nachentrichten. Zusätzlich können Sie die Kleinunternehmerregelung zukünftig nicht mehr in Anspruch nehmen.

3) Lag Ihr Umsatz im vergangenen Kalenderjahr unter 17.500 €?

Nein: Dann müssen Sie in diesem Jahr für alle Umsätze Umsatzsteuer abführen. Die Kleinunternehmerregelung gilt nicht mehr für Sie.
Ja: Dann können Sie dieses Jahr noch die Kleinunternehmerregelung nutzen. Im nächsten Jahr aber nicht mehr.

Tipp

Hier finden Sie ein Video zur Kleinunternehmerregelung.

3.12.4 Einkommensteuer

Die Einkommensteuer besteuert sieben Einkunftsarten:

- Einkünfte aus Land- und Forstwirtschaft
- aus Gewerbebetrieb
- aus selbstständiger Tätigkeit
- aus nichtselbstständiger Tätigkeit
- aus Kapitalvermögen
- aus Vermietung und Verpachtung
- aus sonstigen Einkünften

Die Höhe der Einkommensteuer ist von Ihrer Steuerklasse abhängig und davon, wie viele Kinder Sie haben. Kirchensteuer wird, genauso wie ein Solidaritätszuschlag, noch hinzugerechnet. Für jedes Jahr erscheinen sogenannte Einkommensteuertabellen, aus denen Sie die zu zahlende Einkommensteuer ablesen können. Bis zu einem bestimmten jährlichen Grundfreibetrag wird keine Einkommensteuer erhoben. Für 2013 beträgt dieser Grundfreibetrag 8.130 Euro, für 2014 ist ein Freibetrag von 8.354 Euro geplant. Dieser Freibetrag ist in den Einkommensteuertabellen automatisch mit eingerechnet. Die Einkommensteuer ist als Unternehmer, für Sie selbst, jährlich abzurechnen und abzuführen. Außer, Sie befinden sich in einem Anstellungsverhältnis, zum Beispiel als GmbH-Geschäftsführer. Dann müssen Sie die Einkommensteuer monatlich melden und abführen.

Tipp

Sie sollten sich von Anfang an, basierend auf Ihren Einkünften, die Einkommensteuer auf ein extra Konto zurücklegen. Wenn sie im März des Folgejahres plötzlich 8.000 Euro Einkommensteuer nachentrichten müssen, wird Sie das wahrscheinlich wie ein Hammer treffen. Überlegen Sie sich von Anfang an für jeden Monat, wie viel Gewinn Sie haben und legen Sie die passende Einkommensteuer zurück. Zwar regelt der Staat, dass Sie Einkommensteuervorauszahlungen leisten müssen (vgl. § 37 EStG), doch diese basieren auf der im vorausgegangenen Jahr gezahlten Einkommensteuer. Befinden Sie sich am Anfang Ihrer Existenzgründung und zögern Sie Ihre Steuerklärung maximal hinaus, so können zwei Jahre verstreichen, ohne dass Sie Einkommensteuer abführen. Sollten Sie im Anschluss daran gezwungen sein, die dann anfallende Summe abzuführen, ohne dass Sie entsprechende Rücklagen angelegt haben, kann dies das zum Ende Ihrer Existenzgründung bedeuten.

3.12.5 Gewerbesteuer

Gewerbesteuer fällt für alle Gewerbe an. Freiberufler sind von der Gewerbesteuer ausgenommen. Natürliche Personen und Personengesellschaften haben einen Freibetrag von 24.500 Euro, geregelt in § 11 Abs. 1 Nr. 1 GewStG. In der Regel verlangt das Finanzamt quartalsweise Vorauszahlungen. Ein wichtiger Faktor bei der Gewerbesteuer ist der Hebesatz der Gemeinde. Diesen legt jede Gemeinde selbst fest. In Berlin zum Beispiel liegt der Hebesatz bei 410 Prozent. Im Folgenden finden Sie ein Berechnungsschema für die Gewerbesteuer:

Gewinn aus Gewerbebetrieb (Gewerbeertrag) gem. EStG bzw. KStG

+ Hinzurechnungen nach § 8 GewStG

- Kürzungen nach § 9 GewStG

= Gewerbeertrag vor Verlustabzug

- Gewerbeverlust aus Vorjahren (hierbei sind bestimmte Beschränkungen des § 10 a GewStG zu beachten)

= **Gewerbeertrag** (abzurunden auf volle 100 Euro)

- Freibetrag von 24.500 Euro (nur für Einzelunternehmen und Personengesellschaften)

= Gewerbeertrag × Steuermesszahl i.H.v. 3,5 Prozent (ab 2008)

= **Gewerbesteuermessbetrag** x Hebesatz der Gemeinde (Berlin 410 Prozent)

= zu zahlende **Gewerbesteuer**

3.12.6 Verrechnung von Gewerbesteuer und Einkommensteuer

Damit es nicht zur Doppelbesteuerung kommt, gibt es die Möglichkeit, die gezahlte Gewerbesteuer auf die Einkommensteuer anzurechnen. Diese Möglichkeit besteht nur für Einzelunternehmen und Personengesellschaften. Angerechnet werden kann das 3,8-fache des Gewerbesteuermessbetrages, maximal kann die tatsächlich gezahlte Gewerbesteuer angerechnet werden. Hier folgt die Berechnung:

Gewerbesteuermessbetrag × 3,8 = mögliche Anrechnungssumme

Bis zu einem Hebesatz von 380 Prozent gleichen sich Gewerbesteuer und die Anrechnung auf die Einkommensteuer komplett aus.

3.12.7 Körperschaftssteuer

Die Körperschaftssteuer ist eine Steuer, die ausschließlich für Körperschaften anfällt. Das sind Kapitalgesellschaften wie die GmbH, die AG oder die UG. Die Körperschaftssteuer wird auf den Gewinn erhoben und berechnet sich wie folgt:

15 Prozent Körperschaftssteuer
+ davon 5,5 Prozent Solidaritätszuschlag
= 15,825 Prozent effektive Steuer.

Die Vorauszahlungen an das Finanzamt erfolgen quartalsweise. Sie werden vom Finanzamt anhand der Ergebnisse des vorausgegangenen Jahres ermittelt.

3.12.8 Kapitalertragssteuer

Die Kapitalertragssteuer fällt auf Einnahmen (Dividende) aus Anteilen an juristischen Personen (z. B. Körperschaften) gemäß § 20 Abs. 1 Nr. 1 EStG an. Die Kapitalgesellschaft führt für den Gesellschafter 25 Prozent Kapitalertragssteuer (Quellsteuer) ab, gemäß § 43 Abs. 1 Nr. 1 in Verbindung mit § 43a Abs. 1 Nr. 1 EStG. Die Dividenden, die eine Kapitalgesellschaft erhält, sind steuerfrei gemäß § 8b Abs. 1 KStG.

Beispiel

Eine AG, die Anteile an einer GmbH hält, erhält die Gewinnausschüttung der GmbH steuerfrei. Eine Person hingegen, die Anteile an einer GmbH erhält, muss diesen Gewinn mit der Kapitalertragssteuer versteuern.

Um eine wirtschaftliche Doppelbelastung zu verhindern, ist die Einkommensteuer auf die Dividende durch die Kapitalertragssteuer abgegolten, gemäß § 43 Abs. 5 EStG. Auf Antrag kann die Dividende bei der allgemeinen Ermittlung der Einkünfte gemäß § 2 EStG berücksichtigt und der tariflichen Einkommensteuer unterworfen werden, wenn dies zu einer niedrigeren Einkommensteuer führt, gemäß § 32d Abs. 6 EStG. Dieses Vorgehen ist vor allem für Geringverdiener mit geringer Einkommensteuer sinnvoll.

3.12.9 Künstlersozialabgaben

Die Künstlersozialabgaben sind eine nachträgliche Besteuerung, die vor einigen Jahren eingeführt wurde. Wer künstlerische Werke oder Leistungen verwertet bzw. Aufträge an Künstler vergibt, muss sich bei der Künstlersozialkasse melden und Abgaben entrichten. Auch Leistungen durch Webdesigner, Fotografen, Lektoren oder Sänger können als künstlerische Leistungen gelten. Die Prüfung erfolgt zurzeit noch durch die deutsche Rentenversicherung. Praktisch läuft es so, dass Sie bis zum 31.03. des Folgejahres alle Kosten für künstlerische oder publizistische Leistungen an die Künstlersozialkasse übermitteln müssen. Sie erhalten dann einen Bescheid über die Höhe der Abgaben. Die Abgabenhöhe ist immer jahresaktuell und lag zuletzt bei 4,4 Prozent.

Sollten Sie diese Meldung nicht durchführen, droht Ihnen ein Bußgeld zwischen 5.000 und 50.000 Euro. Die Künstlersozialkasse geht zurzeit verstärkt gegen Unternehmen vor, die diese Meldungen nicht abgeben. Gleichzeitig ist der Künstler nicht verpflichtet, Sie über diese Abgaben aufzuklären.

3.12.10 Wer zahlt welche Steuern?

Vergleicht man die unterschiedlichen Rechtsformen miteinander, stellt sich natürlich die Frage, wer welche Steuern zu zahlen hat. Hier mehrere Rechtsformen im Vergleich:

- **Freiberufler:** Gewinne unterliegen der Einkommensteuer
- **natürliche Personen / Personengesellschaften:** Gewinne unterliegen der Gewerbe- und Einkommensteuer
- **Kapitalgesellschaften:** Gewinne unterliegen der Gewerbe-, Körperschafts- und Kapitalertragssteuer
- Kapitalgesellschaft – Sonderfall **GmbH-/ UG-Geschäftsführer** mit mindestens 25 Prozent Anteilen: Gehalt unterliegt der Einkommensteuer

3.13 Datensicherheit und Backups

Ein Thema, mit dem Sie sich als Unternehmer beschäftigen müssen, ist die Datensicherheit bzw. das Backup von Daten. Ich selbst stand oft genug schwitzend vor dem PC, wenn er plötzlich nicht mehr hochfahren wollte. Was vor einigen Jahren noch ziemlich kompliziert war, kann heute leicht online gelöst werden. Es gibt eine Vielzahl an Diensten, die online Backups automatisch durchführen, immer dann, wenn Sie eine Internetverbindung haben. Einer dieser Dienste heißt Dropbox und leistet mir schon seit Jahren hervorragende Dienste. Wer sich für einen Vergleich der Dienstleister interessiert, sollte den passenden Artikel von Stiftung Warentest lesen.

Zusätzlich zu dieser Backuplösung müssen Sie für die Sicherheit Ihrer Daten sorgen. Ihre Verantwortlichkeiten sind im Bundesdatenschutzgesetz geregelt. Vereinfacht gesagt, empfiehlt es sich, die eigenen Daten zu verschlüsseln, sodass man nur mit Passwort darauf zugreifen kann. Hierbei meine ich nicht, dass Sie Ihren Computer durch ein Passwort schützen. Sie sollten eine Verschlüsselungssoftware nutzen, die Ihre Daten auf dem PC selber verschlüsselt und nur mit Passwort für das Verschlüsselungsprogramm einen Zugriff ermöglicht. Solche Verschlüsselungen funktionieren in der Regel auch im Zusammenhang mit Online-Speicher-Diensten.

Tipp

Ich sprechen an dieser Stelle eine Empfehlung zur Verschlüsselung aus, weil sich viele Existenzgründer Ihrer Pflicht, die durch das Bundesdatenschutz Gesetz besteht, nicht bewusst sind. Zu was **Sie genau in Ihrem Einzelfall** verpflichtet sind, müssen Sie durch einen Anwalt prüfen lassen.

3.14 Die EXIT-Strategie – der Notausstieg

Die EXIT-Strategie ist die Grundlage für die letzte Entscheidung, die Sie in der Aufbauphase treffen. Sie sollten, spätestens mit Beginn der Aufbauphase, einen Punkt definieren, an dem die Fortführung der Existenzgründung keinen Sinn mehr ergibt. Das können Kundenzahlen, Umsatzzahlen oder ein bestimmter Gewinn sein. Je genauer und klarer Sie die EXIT-Strategie ausformulieren, desto leichter fällt es Ihnen, ehrlich zu sich selbst zu sein. Auch wenn Sie vollkommen enthusiastisch für Ihre Existenzgründung sind, besteht eine sehr hohe Wahrscheinlichkeit, dass Sie nicht erfolgreich werden. Genau hierfür lohnt es sich vorzusorgen und sich im Vorfeld zu überlegen, woran Sie selbst erkennen können, dass Sie nicht erfolgreich sein werden. Denn meistens sind die Ergebnisse nicht völlig eindeutig. Wenn Ihre Aufbauphase zwölf Monate dauert, so werden Sie in dieser Zeit höchstwahrscheinlich Kunden gewonnen haben. Sie werden entweder sehr erfolgreich sein oder nur ein paar Kunden haben. Wenn Sie sich mitten in der Aufbauphase befinden, wird es Ihnen schwer fallen zu entscheiden, ob diese paar Kunden, die Sie haben, nun eine gute Zahl oder eine schlechte Zahl sind.

Stellen Sie es sich so vor, als ob Sie einen 10-Kilometer-Lauf absolvieren würden. Die Strecke ist 10 Kilometer lang und Sie wollen nicht mehr als 60 Minuten laufen, bis Sie im Ziel sind. Sie wissen vorher, wo das Ziel ist und Sie wissen genau wie viel Sie powern müssen, um in Ihrer Zeit zu bleiben. Sie wissen auch, dass, wenn Sie sich bei Kilometer sechs den Knöchel verstauchen, Sie nicht ans Ziel kommen werden. Wenn Sie bei Kilometer acht schon 55 Minuten gebraucht haben, werden Sie Ihr Ziel auch nicht mehr in der angestrebten Zeit erreichen können. Keine EXIT-Strategie zu haben ist so, als ob Sie weder Länge der Strecke noch Laufzeit vorher festgelegt hätten. Überlegen Sie sich vorher, welches Ihre Ziele sind. Dann können Sie Ihre Erfolge viel mehr schätzen!

4. Die Ausbauphase – den Erfolg konsolidieren

Herzlichen Glückwunsch, Sie haben die Ausbauphase erreicht. Sie haben alle vorherigen Punkte überlebt und sahen sich nicht gezwungen, den Ausstieg durch die EXIT-Strategie zu wählen. Nun heißt es, das Gelernte auszuwerten, zu reflektieren und zu optimieren. Es ist nun an Ihnen, sich zu überlegen, was gut gelaufen ist und was dringend eine Verbesserung benötigt. Überlegen Sie, welche Marketingmaßnahmen besonders gut funktioniert haben und welche Sie nur Geld gekostet haben. Können Sie weitermachen, ohne Ihr Team auszubauen, oder brauchen Sie noch mehr externe Dienstleister?

In der Ausbauphase geht es darum, das Erfolgreiche zu festigen und das Erfolglose abzuschütteln. Stellen Sie Ihre Geschäftsidee noch einmal von oben bis unten auf die Prüfwaage, und machen Sie sich einen Plan, wie Sie die nächsten Monate weitermachen können.

5. Alles Wichtige in Kürze

5.1 Der Projektplan für meine Existenzgründung

Damit Sie es bei Ihrer Existenzgründung nicht so schwer haben wie ich es hatte, habe ich Ihnen noch einmal die wichtigsten Punkte der Existenzgründung in einer Checkliste zusammengefasst. Viel Spaß beim ankreuzen!

5.2 Die häufigsten Irrtümer und die wichtigsten Punkte

Für die ganz Schnellen von Ihnen finden Sie hier noch einmal eine Stichpunktliste mit den wichtigsten Punkten und Irrtümern, wenn es um Existenzgründung geht:

- Je strukturierter Sie arbeiten, desto leichter wird Ihnen alles fallen.
- Deshalb: Gehen Sie strukturiert vor, und konzentrieren Sie sich immer nur auf eine Sache.
- Kalkulationen sind wesentlich, um zu bestimmen, ob Ihre Geschäftsidee eine Chance hat.
- Sie sollten immer auch eine Einzelkalkulation für den Produktpreis haben.
- Bauen Sie sich ein Business Model.
- Einen Businessplan brauchen Sie nicht zum Gründen, er ist nur nötig für Bankgespräche oder das Jobcenter.
- Eine gut definierte Zielgruppe wird Ihnen viel Marketingbudget sparen.
- Führen Sie nicht viele Marketingmaßnahmen ein bisschen durch, machen Sie eine richtig.
- Sie sollten für Ihre Produkte immer das Alleinstellungsmerkmal im Blick haben.

- Nutzen Sie Förderungen wie das KfW-Gründercoaching.
- Als Freiberufler reicht eine Meldung beim Finanzamt aus.
- Alle anderen müssen eine Gewerbeanmeldung abgeben.
- Die UID brauchen Sie nur für Handel außerhalb von Deutschland.
- Als angestellter GmbH-Gesellschafter zahlen Sie nur Einkommensteuer, wie auch als Freiberufler.
- Achten Sie auf Themen wie Altersvorsorge, Berufsunfähigkeitsversicherung und Unfallversicherung.
- Suchen Sie sich einen Steuerberater.
- Geben Sie Geld für einen guten Designer für Ihr Corporate Design aus.
- Sichern und verschlüsseln Sie Ihre Daten.
- Lesen Sie Kopf schlägt Kapital!
- Lesen Sie Die 4 Stunden Woche!

Jetzt sind Sie dran!

Nun ist es an Ihnen, das Gelernte umzusetzen. Ob Sie nun den Grünungsplan nutzen oder ob Sie selbst sozusagen frei Schnauze durchstarten: Arbeiten Sie strukturiert und wohl überlegt.

Um Sie zu unterstützen, finden Sie auf meiner Seiter eine Reihe von kostenlosen Trainings sowie unterschiedliche kostenlose Online Kurse, die Sie bei Ihrem Vorhaben unterstützen sollen. Dort werden Sie einige Inhalte aus diesem Buch in etwas anderer Aufbereitung wiederfinden.

Besuchen Sie die Feedbackseite zu diesem Buch, schreiben Sie eine Amazon Rezension, oder schreiben Sie mir Ihr Feedback. Ich freue mich von Ihnen zu hören!

Ihr Benjamin Michels

Quellen

Barney, Jay (1991): *Firm Resources and Sustained Competitive Advantage*, in: *Journal of Management* 17(1), S. 99-120.

Faltin, Günther (2012): *Kopf schlägt Kapital. Die ganz andere Art, ein Unternehmen zu gründen*, 8. überarbeitete Auflage, München.

IHK Berlin (Hg.) (2013): *MITGLIEDSCHAFT UND BEITRAG. Wer ist Mitglied der IHK Berlin und wann beginnt die Beitragspflicht?*
http://www.ihk-berlin.de/servicemarken/ueber_uns/Mitgliedschaft_und_Beitrag/828794/Zugehoerigkeit_und_Beitragspflicht.html;jsessionid=C3068D392171F2CDB9BF5C746FA9A583.repl22 (zuletzt am 27.08.2013).

IHK Reutlingen (Hg.) (2013a): *Die Beitragshöhe.*
http://www.reutlingen.ihk.de/start.oscms/0/3982/52119/Beitragshoehe.html (zuletzt am 27.08.2013).

IHK Reutlingen (Hg.) (2013b): *Was kostet mich die Mitgliedschaft als Existenzgründer/in?*
http://www.reutlingen.ihk.de/start.oscms/0/4644/115285/Was+kostet+mich+die+Mitgliedschaft+als+Existenzgruender-inProzent3F.html (zuletzt am 27.08.2013).

KfW (Hg.) (2013): *KfW-Gründungsmonitor 2013. Gründungsgeschehen auf dem Tiefpunkt - kein Anstieg in Sicht.*
https://www.kfw.de/Presse-Newsroom/Pressetermine/Dokumente-2013/Gr%C3%BCndungsmonitor-2013/Bericht-Gr%C3%BCndungsmonitor-2013.pdf (zuletzt am 27.08.2013).

Osterwalder, Alexander (2011): *Business Model Generation: Ein Handbuch für Visionäre, Spielveränderer und Herausforderer*, Frankfurt a. M.

§ 611 BGB. http://www.gesetze-im-internet.de/bgb/__611.html (zuletzt am 07.10.2013).

§ 631 BGB. http://www.gesetze-im-internet.de/bgb/__631.html (zuletzt am 07.10.2013).

§ 18 EStG. http://www.gesetze-im-internet.de/estg/__18.html (zuletzt am 07.10.2013).

§ 16b SGB 2. http://www.gesetze-im-internet.de/sgb_2/__16b.html (zuletzt am 07.10.2013).

§ 16c SGB 2. http://www.gesetze-im-internet.de/sgb_2/__16c.html (zuletzt am 07.10.2013).

§ 19 UStG. http://www.gesetze-im-internet.de/ustg_1980/__19.html (zuletzt am 07.11.2013)

Andere Bücher von Benjamin Michels

Andere Bücher von Benjamin Michels

Andere Bücher von Benjamin Michels

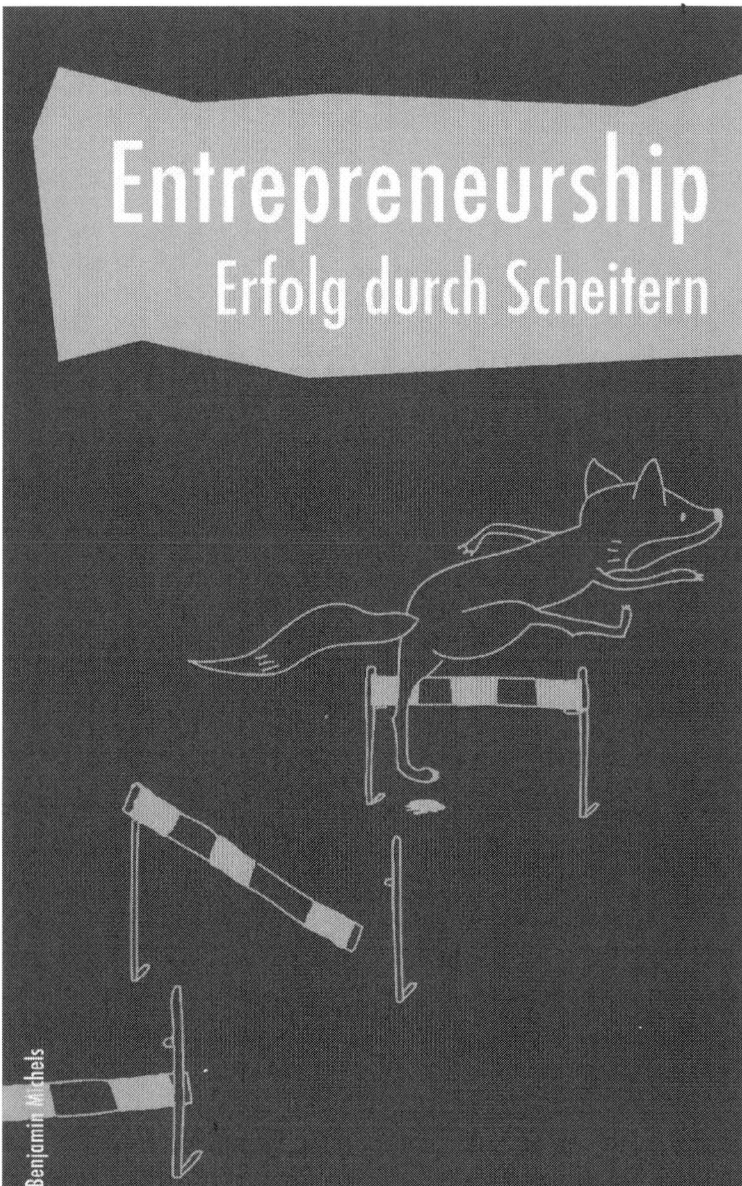

Printed in Poland
by Amazon Fulfillment
Poland Sp. z o.o., Wrocław

50098899R00121